D1678865

नेटिव अमेरिका की लोक कथाएँ

आदिवासिओं की पुकार

नेटिव अमेरिका की लोक कथाएँ

आदिवासियों की पुकार

अनुवाद

नीलाक्षी फुकन

नॉर्थ कैरोलिना स्टेट यूनिवर्सिटी, अमेरिका

वाणी प्रकाशन

विश्वभर के आदिवासियों
को श्रद्धांजलि

वाणी प्रकाशन

4695, 21-ए, दरियागंज, नयी दिल्ली 110 002

फ़ोन : +91 11 23273167 फ़ैक्स : +91 11 23275710

शाखाएँ

अशोक राजपथ, पटना 800 004, बिहार

कॉफ़ी हाउस कैम्पस, महात्मा गांधी मार्ग, इलाहाबाद 211 001, उत्तर प्रदेश

महात्मा गांधी अन्तरराष्ट्रीय हिन्दी विश्वविद्यालय, वर्धा 442 001, महाराष्ट्र

www.vaniprakashan.com
marketing@vaniprakashan.in
sales@vaniprakashan.in

Native America Ki Lok Kathayen
Translated by Dr. Nilakshi Phukan

ISBN : 978-93-5518-916-5
Stories/Folk Tales

© डॉ. नीलाक्षी फुकन

प्रथम संस्करण 2023

मूल्य : ₹ 399

इस पुस्तक के किसी भी अंश को किसी भी माध्यम में प्रयोग करने के लिए प्रकाशक से लिखित अनुमति लेना अनिवार्य है।

सिटी प्रेस, दिल्ली-110 095 में मुद्रित

वाणी प्रकाशन का लोगो मक़बूल फ़िदा हुसेन की कूची से

अनुक्रम

भूमिका

लोक कथाएँ लोक साहित्य की अन्य विधाओं की तरह लोक जीवन के स्वतःस्फूर्त स्वाभाविक उद्गार हैं। एक जाति व समाज विशेष के सम्पूर्ण रीति-रिवाज़, आचार-विचार, आस्थाएँ और मान्यताएँ तथा जीवन पद्धति लोक साहित्य की इस विशिष्ट शैली में प्रतिबिम्बित होती हैं। ये कथाएँ लोकजीवन के प्रत्येक पक्ष को स्पर्श करती हुई लोक की संवेदनाओं को, सुख-दुख, आशा-निराशाओं, रीति-रिवाज़ों, धार्मिक, सांस्कृतिक तथा पौराणिक विश्वासों, आस्थाओं और मान्यताओं को अपने यथार्थ रूप में, साहित्य की शैलीगत नीति-नियमों से रहित, सहज-सरल अभिव्यक्ति के साथ चित्रित करती हैं। इस प्रकार लोक कथाएँ सम्पूर्ण लोक जीवन की चेतनात्मकता एवं जीवन-दर्शन का प्रतिबिम्ब प्रस्तुत करती हैं।

यथार्थतः मानवीय विचित्रता बोध को समझने व यथोचित सम्मान प्रदान करने के लिए लोक कथाओं का आज भी अत्यन्त महत्त्व है। सदियों से लोक कथाएँ ज्ञान और मनोरंजन का स्रोत बनकर चलती आ रही हैं। बच्चों के संज्ञानात्मक विकास में, आत्मविश्वास के बढ़ावे के लिये, स्वतन्त्र पहचान बनाने के लिये, मानव की परम्परागत जीवन-शैली के विकास के लिए

लोक कथाएँ अत्यन्त आवश्यक हैं। ये कथाएँ बच्चों की कल्पना शक्ति को विकसित करने के साथ-साथ जादुई दुनिया की खोज कराने व परियों के साथ सैर कराने की शक्ति प्रदान करती हैं। परियों की कहानियाँ सुनकर मन को पंख लगाने की ख़्वाहिश जगाती हैं और साथ ही साथ परियों के देशों की सैर करने का मज़ा छोटे बच्चों के साथ-साथ बड़ों के लिए भी अनोखा व निराला है। बच्चों के मन-मस्तिष्क पर अहम छाप छोड़ने के अलावा ये कथाएँ छोटी उम्र से ही मानवीय चेतना, अहिंसा, शान्ति, ईमानदारी, बुराई पर अच्छाई की जीत, सत्यम् शिवम् सुन्दरम् जैसे मानवीय मूल्यों की पुष्टि करती आयी हैं। या यूँ कहिये कि मानव को अपनी चेतनता की प्रारम्भिक शिक्षा का ज्ञान लोककथाओं के माध्यम से ही प्राप्त होता आया है।

उत्तरी अमेरिका यानी अमेरिका युक्तराष्ट्र में अंग्रेज़ी उपनिवेशवादियों के आगमन से पहले भी यहाँ नेटिव अमेरिकी आदिवासियों की लोककथाओं की एक परम्परा अस्तित्व में थी जिसने प्रकृति की निकटता को स्वीकार कर मनुष्य जाति की विकासधारा के साथ-साथ विश्व ब्रहमांड की उत्पत्ति और प्राकृतिक विशेषताओं व आश्चर्यों का व्याख्यान काव्यात्मक रूप में किया था। उन्होंने अलौकिक शक्तियों पर दृढ़ता से विश्वास किया और उनकी किंवदन्तियों में प्रख्यात सांस्कृतिक नायकों द्वारा जादू-टोनों का इस्तेमाल कर भिन्न प्रकार का रूप धारण करनेवाली कथाओं व घटनाओं का उल्लेख मिलता है। जानवरों से मनुष्य का रूप धारण करने व मनुष्य से जानवरों में बदलने की शक्ति व विश्वास भी काफ़ी प्रचलित थे। पशु-पक्षियों से जुड़ी कथाएँ विश्व के दूसरे प्रांतों में प्रचलित कथाओं जैसी ही थीं जिसमें विनोद व हास्य रस ही मुख्यतः पाया जाता है। इन अमेरिकी आदिवासियों की कथाओं के मुख्य पात्र निपुण चालबाज़ होते हैं और इनमें कायोटी (भेड़िया), रेवेन (काला कौआ), बेजर (बिज्जू), मिंक (ऊदबिलाव) और ब्लू जै (नीला गौरैया) जैसे जानवर मुख्य भूमिका निभाते हैं। इस मौखिक रूप से प्रचलित विरासत को संरक्षित करने का पहला प्रयास अंग्रेज़ी उपनिवेशवादियों के बीच कार्यरत सरकारी

अफ़सरों, व्यवसायियों और मिशनरियों द्वारा किया गया था। इसके उपरान्त प्रशिक्षित मानवविज्ञानियों और नृतत्वविदों के एकजुट प्रयास के फलस्वरूप ही लोक-साहित्य की इस परम्परा को यथोचित सम्मान प्राप्त हुआ। प्रमुख मानवविज्ञानी और दस्तावेज़कर्ताओं में हेनरी रो स्कूलक्राफ्ट, एलिस मैरियट, मारिया लीच, हेरोल्ड कौरलैंडर, रिचर्ड चेज़ और जॉन बेयरहोर्स्ट, वर्जीनिया हैविलैंड जैसे नाम प्रसिद्ध हैं। मुख्य लोक साहित्यकारों में स्टिथ थॉम्पसन (European Tales Among the North American Indians by Stith Thompson), एल. फ्रैंक बॉम (Introduction to the Wonderful Wizard of Oz), एलन डंडेस (African Tales Among the North American Indians by Alan Dundes), रिचर्ड बॉमन (Co-authored—Voices of Modernity: Language Ideologies and the Politics of Inequality), सुज़ेन कालसिक (Pennsylvania Folklife), वुडरो विलसन गुथरी (1912-67), रोजर डेविड अब्राहम (1933-2017) जैसे नाम काफ़ी प्रसिद्ध हैं।

वर्जीनिया हैविलैंड द्वारा सम्पादित 'नॉर्थ अमेरिकन लेजेंड्स' (North American Legends) नामक पुस्तक में यह लिखा हुआ है कि यूरोप और अफ्रीका से आये हु, प्रव्रजनकारियों की बदौलत अमेरिका में एक समृद्ध व विविध लोक कथाओं का समावेश हुआ जिससे यहाँ के स्थानीय लोक साहित्य की परम्परा को एक नया रूप प्रदान किया गया। स्टिथ थॉम्पसन ने यह भी स्वीकार किया था कि अमेरिकी लोक साहित्यिक परम्पराओं में पशु-पक्षियों की कथाओं का शामिल यूरोपीय लोक कथाओं की परम्परा पर आधारित (प्रतिबिम्बित) है। उनके अनुसार अफ़्रीकी कथाओं में वर्णित जादू-टोने की शैली भी अमेरिकी आदिवासियों की जादू व चमत्कारी कथाओं में शामिल हो गयी। लूइजिनिया, जारजिया और नॉर्थ और साउथ कैरोलिना राज्यों में ऐसी कथाए काफ़ी प्रचलित हैं जिन्हें सामूहिक स्थलों पर सुनाये जाने की प्रथा है। उन्होंने यह भी कहा कि अंग्रेज़ी और स्कॉटिश प्रव्रजनकारियों ने

अपनी लोक कथाओं और लोक गीतों व लोक गाथाओं का नॉर्थ कैरोलिना के एपालाचियन पर्वतों के दक्षिणी क्षेत्रों में प्रचार-प्रसार किया। उन्होंने इन कथाओं को सामाजिक और सांस्कृतिक स्थलों पर मौखिक रूप से प्रस्तुत कर इस परम्परा को जीवित रखा। फिर भी इन गीतों व कथाओं के अन्दर एक विशेष पर्वतीय अमेरिकीवादी शैली की झलक स्पष्ट रूप से देखने को मिलती है। अमेरिकी लोक साहित्य का संकलन कार्य उन्नीसवीं सदी के उत्तरार्ध में ही शुरू हुआ और इसके बाद से नॉर्थ कैरोलिना एपालाचियन लोक साहित्य को भी संग्रहित किया गया। सबसे पहले लोक गीतों का संकलन शुरू हुआ और उसके बाद में लोक कथाओं का। ऐसे संग्रहकों में कथाकार रिचर्ड चेज़ और पर्वतीय व ग्रामीण क्षेत्रों के विद्यालयों और महाविद्यालयों के शिक्षकों जैसे मैरी कैम्पबेल और लियोनार्ड रॉबर्ट्स ने एपालाचियन पर्वतों में व्याप्त आदिवासियों की प्रसिद्ध लोक कथाओं और गीतों को संरक्षित करने का कार्य बखूबी से निभाया।

मेरी इस पुस्तक में संग्रहित सारी लोक कथाए अमेरिका के नेटिव अमेरिकन यानी आदिवासियों की जीवन-शैली पर आधारित कथाएँ हैं। इन संग्रहित लोक कथाओं का चुनाव विशिष्ट संरचनात्मक शैलियों पर ध्यान केन्द्रित करके किया गया था। व्यक्तिगत रूप से, मैं बचपन से ही लोक कथाओं, ख़ासकर काल्पनिक कहानियों, परियों की कथाओं के साथ-साथ प्रकृति से जुड़ी कथाओं के प्रति काफ़ी आकर्षित रही। लेकिन पृथ्वी के दूसरे कोनों में प्रसिद्ध रॅपन्ज़ेल जैसी परिकथाओं के साथ-साथ अलास्का राज्य में बसे ख़ासकर एस्किमो के जीवन पर आधारित कहानियों ने कब से हृदय के कोनों को घेर लिया था पता ही नहीं चला। मन हमेशा चंचल होता चला गया था पृथ्वी के दूसरे कोने में स्थित इन स्थानों की मानव-परम्परा को देखने के लिए, अनजान लोगों को तथा अनदेखी संस्कृतियों को जानने व परखने के लिए और उनके सांस्कृतिक पहलुओं को समझने के लिए। बचपन के इन सपनों को साकार रूप लेते हुए तब देखा जब वास्तव में मुझे इन स्थानों में

परिभ्रमण करने का मौक़ा मिला और एक बार फिर उन आशाओं ने हृदय को घेर लिया कि यहाँ की लोक कथाओं को एक बार फिर से स्मृतियों के गह्वरों से निकालकर वास्तविक स्थल पर उतारूँ और आत्मसात कर पाऊँ।

इस पुस्तक में शामिल की गयी लोक कथाओं को चुनते समय मैंने कई विषयों पर विशेष रूप से ध्यान दिया था। पहली बात इस पुस्तक के मुख्य उद्देश्य के साथ जुड़ी हुई है जो नेटिव अमेरिका के मूल निवासियों यानी यहाँ के आदिवासियों की लोक-संस्कृतियों, लोक-परम्पराओं, रीति-रिवाज़ों, जीवन-शैलियों, मान्यताओं और जीवन-दर्शन को सम्मानपूर्वक उपस्थापन कर उनसे हिन्दी-उर्दू के पाठकों के साथ-साथ दक्षिण एशियाई पाठकों को अवगत कराना है। इन नेटिव अमेरिकी आदिवासियों में ख़ासकर नॉर्थ कैरोलिना के रेड इंडियन, कैटावबा, लाम्बी, और चेरोकी, साउथ कैरोलिना में भी व्याप्त कैटावबा, न्यूयॉर्क के टस्कारोरा, कनेक्टिकट के पिक्वोट और मोहगान इंडियन, कोलोराडो और व्योमिंग के अरापाहो, वा गंटन और ओरेगन के सहबतिन और सलिशन, ओक्लाहमा के क्रीक-मशकोगी, कैलिफ़र्निया के मियोवाक आदिवासी, अलास्का के एस्किमो, इनुइट सहित कई अमेरिकी आदिवासियाँ शामिल हैं।

दूसरी बात थी भौगोलिक क्षेत्रों पर आधारित कथाएँ। इस प्रक्रिया के दौरान, मैंने विभिन्न भौगोलिक क्षेत्रों पर विशेष रूप से ध्यान दिया था, जहाँ नेटिव अमेरिकी संस्कृति व आदिवासियों का अस्तित्व अभी भी दृढ़ता के साथ मौजूद है। यूरोपियन उपनिवेशियों के तीव्र हिंसा व अत्याचार के बावजूद आदिवासी लोग बड़े गर्व से इन संस्कृतियों का पालन कर रहे हैं जो आगामी दिनों के लिए काफ़ी आशास्पद हैं ताकि भविष्य के हिन्दी-उर्दू तथा दक्षिण एशियाई शोधकर्ता इन मूल अमेरिकी आदिवासियों का पता आसानी से लगा सकें। इनमें अन्तर्निहित हैं, नॉर्थ कैरोलिना की 'नदी की आत्मा', 'साउथ कैरोलिना की 'द फॉरएवर बॉय', वर्जीनिया की 'आसमानी औरत की सृष्टि',

कनेक्टिकट की 'बदलाव', ओक्लाहोमा 'खरगोश का मजाक', आइडाहो की 'प्रिय सहेली', मेइन की 'भालू और मछुआ', कोलोराडो की 'लंगड़ा योद्धा और कंकाल', व्योमिंग की 'योसेमाइट के संरक्षक', अलास्का की 'कौआ किरण लाया' इत्यादि जैसे भौगोलिक क्षेत्रों से जुड़ी हुई कथाएँ शामिल हैं।

तीसरी बात थी कथाओं की उपलब्धता। स्थानीय लोगों द्वारा सुनाई गयी लोक कथाओं के अलावा पुस्तकालय में उपलब्ध व प्रकाशित किताबों में पायी गयी कथाओं तथा ऑनलाइन वेबसाइटों पर उपलब्ध कथाओं को भी शामिल किया गया है ताकि इन संसाधनों के विविध कोणों के बीच सम्बन्ध बना सकूँ और नेटिव अमेरिकी लोक-साहित्य का एक ठोस टुकड़ा दक्षिण एशियाई पाठकों के समक्ष प्रस्तुत कर सकूँ।

चौथी बात प्रसिद्ध फोकलारिस्ट यानी लोक-कथाकारों द्वारा पुनःकथन और पुनःप्रकाशित की गयी कथाओं पर आधारित थी। इनमें से नुड सस्मुसेन (1921) द्वारा पुनर्लिखित 'बेहद ज़िद्दी आदमी' और 'बूढ़ी औरत और दत्तक भालू पुत्र' की एस्किमो लोक कथाएँ, एस. ई स्क्लॉज़र के पुनःकथन पर आधारित 'जोआक्विन मुरीएटाः दस्यु की कहानी' कैलिफ़ोर्निया के एक डाकू की कहानी, बारबरा शाइनिंग वुमन वॉरनो द्वारा पुनःकथन 'पहली स्ट्रॉबेरी' और एल. फ्रेंक बऊम की 'अमेरिकन फेअरि टेल' संग्रह में 1901 में प्रकाशित 'ध्रुवीय भालुओं का राजा' और 'परियों की कहानी–रानी' कहानियाँ प्रमुख हैं।

पाँचवीं बात निर्भर करती है कथाओं के संकलन कार्य के दौरान अवगत हुई समकालीन सामंजस्यता जो समसामयिक मानवीय समस्याओं से जुड़ी विषय वस्तुओं की एकरूपता थी। हालाँकि नेटिव अमेरिका की लोक कथाओं में वर्णित वसुधैव कुटुम्बकम् की भावनाओं से ओतप्रोत जीवन-दर्शन तथा यहाँ सदियों से बसे आदिवासियों की चेतानाएँ, जीवन-शैली और मानव-दर्शन की प्रस्तुति जैसे मुख्य उद्देश्य से ही मैंने इस अनुवाद कार्य का शुभारम्भ

किया था, लेकिन खोज-कार्य के दौरान, मेरा ध्यान कुछ ऐसी कथाओं व विषय-वस्तुओं पर भी गया जिनके माध्यम से अमरीकी मूल आदिवासियों की बरसों की चुप्पी तोड़ी जा सकती है। या यूँ कहिये कि मैं इन कथाओं में प्रस्फुटित ऐतिहासिक और समकालीन सामाजिक व राजनैतिक अनौचित्यता को कदापि नज़रअन्दाज़ नहीं कर पायी। इस संकलन कार्य के दौरान ऐसे-ऐसे विषयों से भी अवगत हुई जिससे मेरी विषय-वस्तुओं की परिधि को बढ़ावा मिल गया। इन अनुवादित लोक कथाओं के माध्यम से, मैंने एक समकालीन लोक संस्कृति को चित्रित करने की भी कोशिश की, जिसे 'प्रिय सहेली', 'बदलाव', 'जोआक्विन मुरीएटा: दस्यु की कहानी' जैसी कथाओं में देखा जा सकता है। इन कथाओं में अनेक रोचक विषय-वस्तुओं के साथ-साथ कई अनकही बातें व रहस्य और सन्देश छिपे मिलते हैं। 'प्रिय सहेली' (आयडाहो की रेड इंडियन कथा) में एक छोटी लड़की की जागरूकता, विचार क्षमता, दायित्वबोध, तीक्ष्णता के साथ-साथ रेड इंडियन आदिवासियों के साथ अंग्रेज़ी उपनिवेशियों द्वारा किये गये अन्याय, अत्याचार, अमानवीयता का दर्शन मिलता है। 'जोआक्विन मुरीएटा: दस्यु की कहानी' एस. ई स्क्लॉज़र के पुनःकथन पर आधारित इस कथा में भी मानवीय असमानता, अन्याय, धोखापन, ईर्ष्या-द्वेष जैसी नकारात्मक सोच की प्रचुरता हमें देखने को मिलती है। 'नदी की आत्मा' नॉर्थ कैरोलिना के इस प्रसिद्ध टस्कारोरा प्रेम कथा में मानवीय अधिकार, नारी स्वाधीनता, बलात्कार, प्रभुत्व की भावना जैसी हृदयविदारक भावनाओं का बहते हुए अश्रु श्रोतों का हृदयविदारक नज़ारा है। साथ-साथ शक्तिशालियों का दुर्बलों के ऊपर प्रभुत्व जो वर्तमान दुनिया भर के समाजों में सामाजिक समस्या के रूप में देखने को मिलता है, सदियों से चलती आ रही इस अमानवीयता का दर्शन मिलता है। एक सचेत व जागरूक साहित्यकार होने के नाते मैंने अपना कर्तव्य समझा कि अमेरिकी आदिवासियों की लोक कथाओं में सन्निहित उनकी आपबीती काले इतिहास के पन्नों का उपस्थापन पुनः किया जाये ताकि पाठकों को भविष्य के लिए सतर्क व चौकन्ना रहने एक मौक़ा प्रदान कर पाऊँ।

लोक कथाओं में स्वभावतः प्रकृति से जुड़े हुए विश्वास हमेशा ज़्यादा देखने को मिलते हैं जैसे पात्रों के नामों की चयन प्रक्रिया, प्रकृति के महत्त्व को स्वीकार कर उनकी प्रार्थना करना, भगवान स्वरूप मानकर सेवा करने की भावना का उद्गार मिलता है। किन्तु उपनिवेशवाद के दौरान कैसे सुख शान्तिपूर्ण पहाड़ी आदिवासियों का जीवन तहस नहस हो गया था, इसका सुन्दर निदर्शन इस कथा में स्पष्टतः देखने को मिलता है। मानवीय तत्त्वों जैसे एकता, भाईचारा जैसे वैश्विक सन्देशों के बढ़ावे के साथ-साथ प्रव्रजन, संरचनात्मक नस्लीय पक्षपात और जलवायु परिवर्तन व ग्लोबल वार्मिंग जैस समसामयिक वैश्विक पहलुओं पर ध्यान आकर्षित कर मानवीय मूल्यों व गरिमा के महत्त्व को पुनःस्थापित करने के संदेश भी इस पुस्तक में विद्यमान है।

नॉर्थ कैरोलिना के नेटिव अमेरिकन आदिवासियों की लोक कथाओं को ढूँढ़ते समय मुझे इस बात की भी पुष्टि हुई कि यहाँ का प्रसिद्ध विश्वविद्यालय 'नॉर्थ कैरोलिना स्टेट यूनिवर्सिटी' जहाँ पर मैं अभी अध्यापन कार्य कर रही हूँ, आज जिस ज़मीन पर खड़ी है वह ज़मीन मूलतः दो नेटिव आदिवासियों, टस्कारोरा और कैटावबा से शासन-प्रबन्धन प्रक्रिया के ज़रिये अधिकृत किया गया था यानी छीन लिया गया था। इतिहास की इस गवाही को विश्वविद्यालय के संयोजक समितियों ने स्वीकार भी किया है और बाद में इन आदिवासियों को यथोचित सम्मान भी प्रदान किया गया है। स्वीकारोक्ति में कहा गया है कि उच्च शिक्षा का यह संस्थान आदिवासियों से क़ब्ज़ा की गयी ज़मीनों पर स्थापित है जो उपनिवेशियों के आने से पहले इस भूमि के असली निवासी थे, असली हक़दार थे। इसके उपरान्त, यह भूमि दक्षिण अफ़्रीका के लोगों तथा उनके पूर्व वंशजों के साथ जुड़ी हुई दासत्व प्रथा, यन्त्रणा और यथाक्रम से चलते आ रहे व्यवस्थित दुर्व्यवहार के चार सौ से अधिक वर्षों के इतिहास का भी साक्षात् गवाह बनकर खड़ी है ताकि आनेवाली पीढ़ी के समक्ष सबूत पेश कर चेतावनी के रूप में इस अँधेरे इतिहास का स्मरण दिलाती रहे।

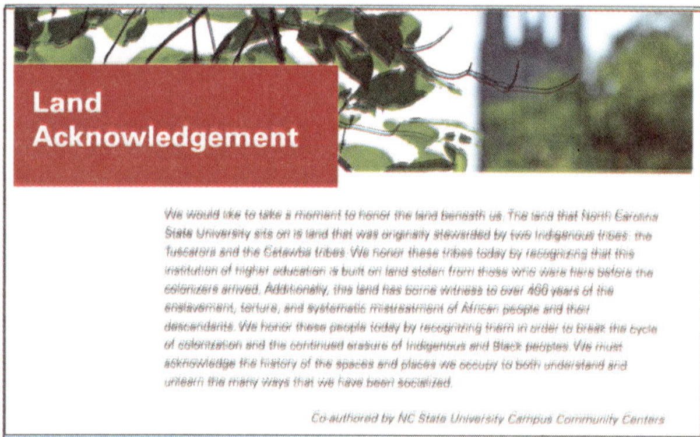

स्वीकारोक्ति में कहा गया है कि उच्च शिक्षा का यह संस्थान आदिवासियों से कब्ज़ा की गयी ज़मीनों पर स्थापित है जो उपनिवेशियों के आने से पहले इस भूमि के असली निवासी थे, असली हक़दार थे।

इतिहास इस बात का साक्ष्य प्रमाण है कि अंग्रेज़ी उपनिवेशवाद के तहत अमेरिकी आदिवासियों के साथ हुए लगातार अन्याय, बर्बरता जो न केवल अवैध थी, बल्कि उनके पूरे समुदाय में भय और आतंक पैदा कर उन्हें व उनकी भविष्य की पीढ़ी को विनाश के कटघरे में खड़ा कर दिया था। साथ ही, हाल ही में, अचानक उत्तरी अमेरिकी महाद्वीपों के अन्दर ख़ासकर कनाडा में आदिवासियों के साथ हुए ऐतिहासिक अन्याय और नरसंहार जैसी ख़बरों ने पूरे विश्व भर की चेतनता को झकझोर देने के साथ-साथ, मेरे भी होशोहवास उड़ा दिये थे। कनाडा में 1899 से 1997 तक कार्यशील मैरीवल इंडियन रेसिडेंशियल स्कूल के परिसर के अन्दर की गयी खुदाई के दौरान 751 आदिवासी बच्चों की कंकालें बरामद हुई हैं जिन पर किसी तरह का चिह्न व नामो-निशान तक नहीं था जो पूरे मानवीयता का अपमान था। उसके अलावा, केमलूप्स इंडियन रेसिडेंशियल स्कूल जो कनाडा का सबसे बड़ा रेसिडेंशियल यानी बोर्डिंग स्कूल माना जाता था और जहाँ देशभर के बच्चे पढ़ने आते थे, उसके स्कूल परिसर में भी 215 आदिवासियों के बच्चों के शव मिले हैं। अपने अस्तित्व को ताक़तवरों के सामने दाँव पर लगाकर घुटने टेक, आधुनिकता के नाम पर ऐसी संस्कृतियों में घुल-मिल जाने की प्रक्रिया में नेटिव आदिवासियों को अपने छोटे-छोटे बच्चों की जानें खोनी पड़ी थीं, कुर्बानी करनी पड़ी थी। काले अक्षरों में लिखित यह इतिहास आधुनिकता

और एकीकरण के नाम पर, मानवीयता के नाम पर एक कलंक है। दूसरी शान्ति-प्रिय जातियों पर किये गये अत्याचार का यह जीवन्त उदाहरण है और यूँ कहिये कि मानवीयता का निर्मम दुर्भाग्य है।

नॉर्थ कैरोलिना के आदिवासियों का संक्षिप्त इतिहास

(Thomas Harriot's "A Brief and True Report of the New Found Land of Virginia")

इतिहासकार नॉर्थ कैरोलिना के प्रारम्भिक निवासियों व आदिवासियों के बारे में जैसा वर्णन करते थे या जिन घटनाओं का ज़िक्र किया करते थे वे सब कई सौ सालों तक सर वाल्टर रैले (1552–1618, एक अंग्रेज़ी खोजकर्ता जिन्होंने उत्तरी अमेरिका के यूरोपीय उपनिवेशीकरण में प्रमुख भूमिका निभाई) द्वारा समर्थित अंग्रेज़ी खोजकर्ताओं को ध्यान केन्द्रित कर किये गये थे जब वे आउटर बैंक्स यानी नॉर्थ कैरोलिना के समुद्रीय तटों पर अपना अस्तित्व जमाने की कोशिश कर रहे थे ताकि एकमात्र उनके यानी यूरोपीय खोजकर्ताओं के प्रयासों व उनके पक्ष का ही उजागर हो। नॉर्थ कैरोलिना राज्य का इतिहास भी तभी से लिखना शुरू हुआ जब इन लोभी और मनहूस उपनिवेशियों का आगमन इस समृद्ध भूमि पर हुआ। लेकिन इन कहानियों का एक विकल्प रूप भी हमें देखने को मिलता है। पहले यूरोपीय उपनिवेशियों की टोली जैसे ही इस भूमि पर पधारी तुरन्त इस भूमि का नाम 'वर्जीनिया'

Lumbee, Cherokee, Catawba, Tuscarora and Neighbors, 1715 from the book, "The Lumbee Indians – An American Struggle" by Malinda Maynor Lowery

बन गया, फिर 'कैरोलिना' और अन्त में जाकर 'नॉर्थ कैरोलिना' बना। यह सच है कि शुरुआती दौर में दक्षिणी क्षेत्रों से आये हुए स्पेनी प्रव्रजकों व खोजकर्ताओं और पूर्वी समुद्रीय तटों के अंग्रेज़ी उपनिवेशियों को इस भूमि पर नेटिव आदिवासियों की प्रबल शक्तियों का सामना करना पड़ा था।

नॉर्थ कैरोलिना का प्रारम्भिक इतिहास अंग्रेज़ी इतिहास के बदले ज़्यादातर नेटिव आदिवासियों के इतिहास से ही समृद्ध है। हालाँकि यह भी सच है कि भिन्न प्रान्त के उपनिवेशियों की टोलियाँ जिधर से भी गुज़रीं उन्होंने उधर के आदिवासियों की जीवन-प्रणाली को काफ़ी प्रभावित किया। उत्तरी अमेरिका में किये गये यूरोपीय अभियान का सबसे पहला नेतृत्व करनेवाला साहसी

प्रसिद्ध स्पेनिश खोजकर्ता हर्नांडो डी सोटो (1538) द्वारा वर्णित आख्यानों से पता चलता है कि स्पेनिश उपनिवेशियों ने नेटिव अमरीकी आदिवासियों से हिंसा, अत्याचार व युद्ध के बदले सिर्फ़ खाने-पीने के सामान और शारीरिक श्रम की माँग रखी जिससे उनकी चतुराई व दिमाग़ी शक्ति का पता लगता है। ऐसा अनुमान किया जाता है कि ये उपनिवेशी टोलियाँ अपने साथ चेचक जैसी भयंकर महामारियों को भी साथ लेकर आयी थीं जिसके परिणामस्वरूप आदिवासियों की ज़िन्दगियों में तबाही मच गयी थी। हालाँकि इन महामारियों की प्रकृति और समय अभी भी एक बहस का विषय बना हुआ है। ऐसी अनेक बातें हैं जो अभी पता लगाना नामुमकिन हैं। फिर भी स्पेनिश कप्तान हुआन पार्डो (1565–68) जो केवल एक सौ पुरुषों का नेतृत्व कर अमेरिका के पीडमोंट पठारी इलाक़ों यानी अटलांटिक तटीय मैदान से लेकर एपलाचियन पर्वतों के बीच के पठारी क्षेत्रों में पधारे, उनका ऐतिहासिक अभियान बेशक नॉर्थ कैरोलिना के नेटिव अमेरिकियों यानी आदिवासियों की दुनिया के बारे में पहली बार पूरे विश्व के सामने एक सटीक निदर्शन प्रस्तुत करता है।

हर्नांडो डी सोटो और हुआन पार्डो के खोज के दौरान उन्हें उत्तरी अमेरिका में जिन आदिवासियों का सामना करना पड़ा था उनके बारे में पुरातात्विक साक्ष्यों से यह प्रमाणित हुआ है कि प्रागैतिहासिक अमरीकी आदिवासियों की एक

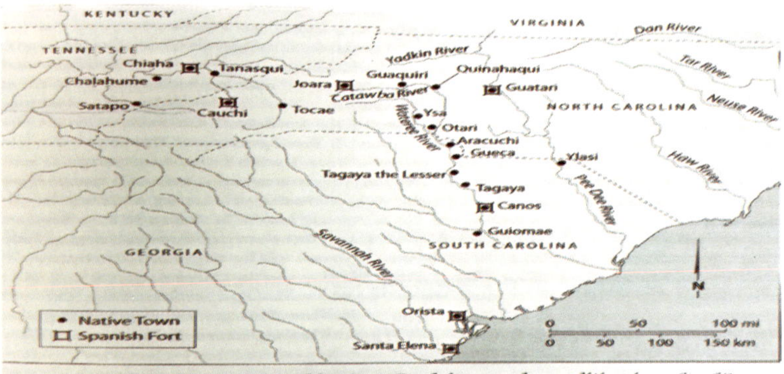

FIGURE 2.1. Indian towns visited by Juan Pardo's second expedition in 1567–68.

बड़ी जनसंख्या पन्द्रहवीं और सोलहवीं शताब्दी के दौरान कैटावबा घाटी के आस-पास कुछ बिखरी हुई बस्तियों में रहती थीं। इन्हीं लोगों को पुरातत्वविदों ने 'मिसिसिपियन' नाम से सम्बोधित किया था और इनकी समाज व्यवस्था के बारे में यह बताया गया था कि इनके विभिन्न जनसमूहों को भिन्न प्रकार के प्रमुख मुखिया द्वारा संचालित किया गया था जो मक्के, फलियाँ और कद्दुओं जैसी कृषि निर्वाह पद्धति पर आधारित और समर्थित जनसमूहों के गुट थे। इन इलाक़ों के कई शहरों में छोटे-छोटे मिट्टी के चबूतरे के टीले भी थे, जिनके ऊपर उनके प्रमुख मुखियाओं के घर स्थित थे।

चार सौ साल पहले जब अंग्रेज़ी उपनिवेशवादियों ने नॉर्थ कैरोलिना के उत्तर-पूर्व दिशा में स्थित रोनोक द्वीप पर बसने की कोशिश की तो उन्हें वहाँ कई शक्तिशाली आदिवासियों का सामना करना पड़ा था। ऐतिहासिक तथ्यों के मुताबिक उस समय वहाँ लगभग तीस से अधिक अमेरिकी आदिवासियों का बसेरा था जो सिओन, इरोक्वियन और अल्गोंक्वियन जैसे तीन भाषा-

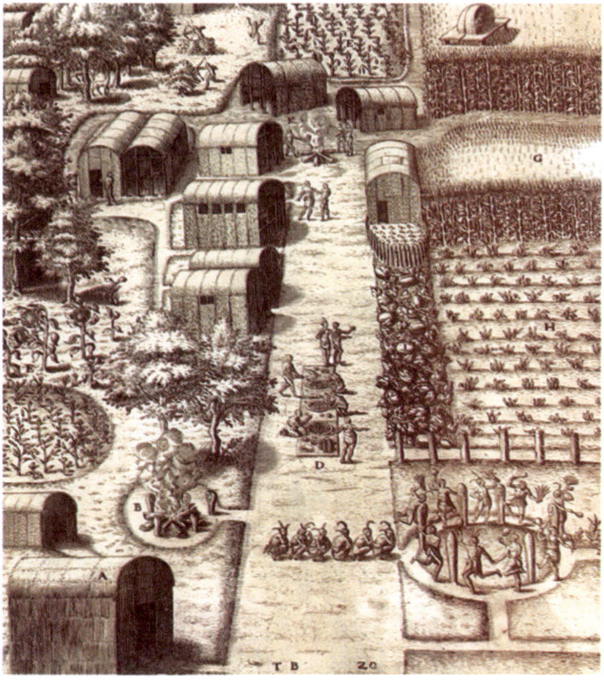

सेकोटा शहर– नॉर्थ कैरोलिना के रोनोक द्वीप में बसनेवाले नेटिव आदिवासियों के गाँव का जीवन जिसमें आदिवासियों के सज्जित घर, तंबाकू, मक्के और कद्दुओं के बिखरते खेत, हिरण के शिकार जैसी जीवन प्रणालियों को दर्शाया गया है। 1590 में प्रकाशित थियोडोर डी ब्राय द्वारा किया गया उत्कीर्णन पर उकेरा गया यह चित्र एक सम्पूर्ण जनमानस को उजागर कर रहा है।

The Town of Secota, plate 20, from Thomas Harriot's A Brief and True Report of the New Found Land of Virginia, Latin edition, published 1590 engraving.

समूहों से निकली भाषाएँ बोलते थे। लेकिन उन्होंने किसी तरह की लिखित भाषा-रूप का विकास नहीं किया था। वे सदियों से अपनी उत्पत्ति, मिथकों और इतिहास से जुड़ी घटनाओं का वर्णन करने के लिए मुख्यतः मौखिक परम्पराओं पर निर्भर किया करते थे। इसके अनेक उदाहरण पुरातत्व के माध्यम से प्राप्त जानकारियों पर निर्भर करते हैं।

Thomas Harriot's "A Brief and True Report of the New Found Land of Virginia". इस पुस्तक के ज़रिये पहली बार, उत्तरी अमेरिका के दक्षिणपूर्वी इलाक़ों में बसे मूल आदिवासियों यानी नेटिव अमेरिका के समुदायों और उनकी संस्कृतियों व परम्पराओं की एक विस्तृत, समृद्ध और अत्यधिक प्रभावशाली झलक यूरोपीय उपनिवेशवादियों के समक्ष पेश की गयी।

'खोया हुआ द्वीप-एक अमेरिकी रहस्य'— ऐतिहासिक नाट्य रूपान्तरण

नॉर्थ कैरोलिना के रोनोक द्वीप के वाटरसाइड थियेटर में प्रदर्शित एक नाटक 'खोया हुआ द्वीप-एक अमेरिकी रहस्य' का एक पोस्टर।

1585 में पहली बार दक्षिण-पूर्वी अमेरिकी तटों पर सर वाल्टर रैले द्वारा खासकर रोनोक द्वीप में अंग्रेज़ी उपनिवेश की स्थापना की गयी थी जिसके तुरन्त उपरान्त वहाँ बसनेवाले आदिवासियों का समूह अचानक से ग़ायब हो गया था और जिसकी खोज अभी तक चल रही है। कई लोग इसे उपनिवेशियों द्वारा की गयी एक साज़िश के रूप में मानते हैं तो कई लोग एक रहस्य जिसका भेद खुलना अभी भी बाकी है।

यूनिवर्सिटी ऑफ नॉर्थ कैरोलिना, पेमब्रोक के संग्रहालय में संग्रहित उत्तरी अमेरिका के दक्षिणपूर्वी इलाक़ों में बसे मूल आदिवासियों के लकड़ीवाले-घर का एक नमूना।

चेरोकी आदिवासी

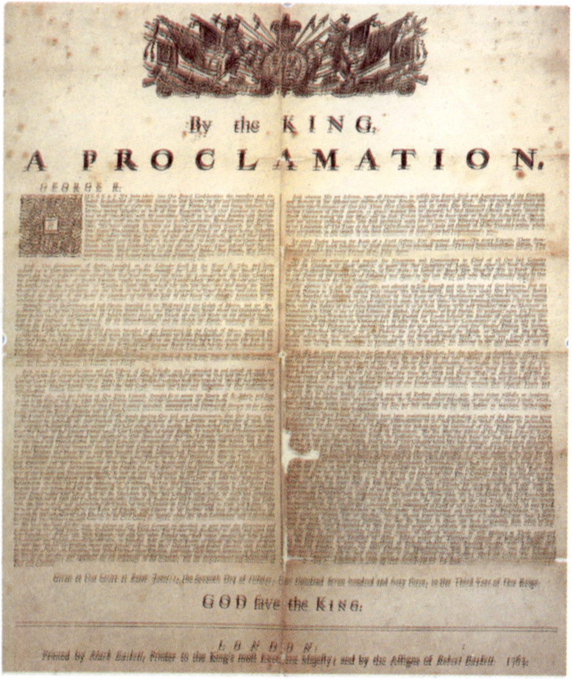
By the KING.
A PROCLAMATION.
GEORGE R.
GOD save the KING.
LONDON:

(अंग्रेज़ी साम्राज्य के अधीन बनने से पहले नॉर्थ कैरोलिना के चेरोकी आदिवासियों के साथ हुए शान्ति-सन्धि के दौरान प्राप्त घोषणा-पत्र।)

उत्तरी-अमेरिका के दक्षिण-पूर्वीय पर्वतों पर स्थित चेरोकी इंडियन आदिवासी अपनी मातृभूमि को 'शैकोनेज' कहते थे, जिसका अर्थ है, "नीले धुएँ का स्थान।" इसी जगह को आज प्रसिद्ध ब्लू रिज और ग्रेट स्मोकी माउंटेन के नाम से जाना जाता है। अपनी ज़ुबान में चेरोकी अपने आप को 'एनी-युनवी-या' और 'टसालजी' कहते थे और जिसका अर्थ है "असली या प्रमुख लोग।" 'चेरोकी' शब्द की उत्पत्ति को लेकर भी यहाँ भिन्न मत प्रचलित हैं। कई इसे 'टसालजी' के अंग्रेज़ी मानी से निकला हुआ मानते हैं तो कई किसी झरने के नाम से जिसका मतलब है "विजातीय लोग"। कई 'चोकटाव' शब्द के साथ भी जोड़ते हैं जिसकी मानी है, "गुफ़ा-निवासी।" सम्भवतः परिवर्तित समयानुसार, नीले धुएँ वाले पर्वतों के असली लोगों ने 'चेरोकी' शब्द को बिना किसी प्रतिवाद के स्वीकार कर लिया था। इसके अतिरिक्त, सोलहवीं शताब्दी के उत्तरार्ध से अपनी मातृ-भूमि के आस-पास बसनेवाले गोरे लोगों के कई तरीकों को भी उन्हें स्वीकार करना पड़ा था। तब भी, चेरोकी के आदिवासियों को अपनी जन्म-भूमि से ज़ोर-ज़बरदस्ती बेदखल कर मध्य अमेरिका में स्थित

(चेरोकी संग्रहालय में प्रदर्शित अपनी जन्मभूमि को छोड़कर जाते समय की उनकी दुर्दशा के कुछ क्षण।)

सिकोयाह, पूरा नाम जॉर्ज जिस्ट सर्का, एक चेरोकी लोहार और चाँदी का व्यापार करनेवाले आदिवासी, जिन्होंने क्रीक युद्ध (1813) के दौरान अमेरिकी संयुक्त राष्ट्र के सेना विभाग में सेवा प्रदान की थी। इसी युद्ध के दौरान परिचित अंग्रेज़ी लिपि पद्धति से उत्साहित होकर चेरोकी लेखन प्रणाली विकसित की ताकि उनके लोग लिपि के माध्यम से संवाद कर सकें। 1821 में इस लिपि को चेरोकी राष्ट्र द्वारा राष्ट्रीय लेखन प्रणाली के रूप में स्वीकार भी किया गया।

नॉर्थ कैरोलिना के चेरोकी संग्रहालय में प्रदर्शित चैरोकी आदिवासियों की सामाजिक व सांस्कृतिक गतिविधियों का एक सुन्दर प्रदर्शन।

बेहद ख़ुबसूरत ओकोनालुफ़्टी इंडियना गाँव का इलाक़ा

ओक्लाहोमा नामक राज्य में बसने के लिए मजबूर किया गया था। हालाँकि, वहाँ उन्होंने एक नये चेरोकी राष्ट्र की स्थापना की और वे अपने आस-पड़ोस के लोगों के नये रहन-सहन को अपनाते हुए अपनी पारम्परिक संस्कृति को बरकरार रखने में कामयाब हुए।

लाम्बी आदिवासी

मिसिसिपी नदी के पूर्वीय क्षेत्रों में व्याप्त नेटिव अमेरिकी आदिवासियों में से सबसे अधिक आदिवासी हैं लाम्बी आदिवासी, जिनकी आबादी वर्तमान समय में सत्तर हज़ार से भी अधिक है। इनकी ऐतिहासिक मातृभूमि की सीमा रेखा वर्जीनिया राज्य के दक्षिणी क्षेत्रों में बहती हुई जेम्स नदी से लेकर साउथ कैरोलिना की प्रसिद्ध पी डी नदी तक लगभग सात सौ वर्ग मील दूरी तक फैली हुई है। लाम्बी आदिवासी इस क्षेत्र में व्याप्त कई दूसरी जनजातियों और साथ ही साथ, इस क्षेत्र में मुक्त रूप से बसे गोरों और ग़ुलामी की ज़जीरों में जकड़े श्यामवर्णी अफ्रीकी लोगों के मिश्रित वंशज हैं।

1885 में पहली बार राज्य विधायक, शिक्षक और इतिहासकार माननीय हैमिल्टन मैकमिलन (1837-1915) ने रॉबसन काउंटी के आदिवासियों के लिए पब्लिक स्कूलों की स्थापना की और बाद में 1887 में उन्होंने “कोयेटन नॉर्मल स्कूल” की स्थापना के लिए कानून पेश किया जो बाद में जाकर यू एन

हैमिल्टन मैकमिलन और उनकी पत्नी एलिज़ाबेथ गिलेस्पी का चित्र अपने नवजात शिशु के साथ।

यूनिवर्सिटी ऑफ़ नॉर्थ कैरोलीना, पेमब्रोक के परिसर में।

सी, पेमब्रोक विश्वविद्यालय बना। मैकमिलन की पत्नी एलिजाबेथ गिलेस्पी भी हमेशा से जनजातियों के हक़ के लिए खड़ी हुई और इसी कारण ये दोनों लाम्बी लोगों के श्रद्धा के पात्र बने।

नॉर्थ और साउथ कैरोलिना की सरहदी सीमारेखा के साथ समानान्तर रूप से जुड़े हुए निचले क्षेत्रों को लाम्बी आदिवासी अपनी मातृभूमि के रूप में स्वीकारते हैं जहाँ आधुनिकता के नाम पर होनेवाली चहल-पहल की झलक बहुत कम देखने को मिलती है। वे अपनी संस्कृति और अपनी पहचान को लेकर काफ़ी सतर्क रहते हैं और अमेरिकी सरकार के साथ भी अच्छे सम्बन्ध बनाये हुए हैं। विश्व-भर में किसी भी मंगल कार्य के दौरान राष्ट्रगान गाने का जो रिवाज़ है, लम्बी आदिवासियों के बीच ऐसा नहीं देखा जाता। वे अपने प्रियजन के अन्तिम संस्कार के समय अपना राष्ट्रगान गाते हैं ताकि वे अपनी कहानी श्रोताओं को सुना पायें, श्रद्धा अर्पित करनेवालों को एक यादगार के तौर पर भेंट कर पायें। अन्तिम संस्कार के दौरान वे अपनी जाति के अस्तित्व की कहानी व अपनी आपबीती सुनाने की आवश्यकता महसूस करते हैं

जहाँ उनके लोग अपने जीवन-संघर्षों को अतिक्रम करने और उपचार के पथ पर इकट्ठे चलने के अभिप्राय से एकजुट होते हैं।

'लाम्बी होने का गर्व'

(लाम्बी राष्ट्रगान)

हाँ, गर्व है मुझे लाम्बी होने का,
यही मेरा अस्तित्व, मेरी एकमात्र पहचान।
पाकर जन्म इस धरती पर, वही बनने जा रहा हूँ,
जो मैं हूँ, एक लाम्बी इंडियन।
माता-पिता को है भरोसा, है मुझ पर गर्व,
चाहते स्वतन्त्र बनूँ, हो जाऊँ सदा के लिए आज़ाद।
स्वतन्त्रता, आज़ादी है अपनी एकमात्र अभिलाषा
जो भी बनना चाहूँ बनूँ और बरकरार रख पाऊँ
अपना अस्तित्व, अपनी पहचान।

(विली फ्रेंच लोवी, 1974)

नॉर्थ कैरोलिना के पेमब्रोक शहर में लाम्बी स्वायत्त शासित प्रशासनिक व सांस्कृतिक कार्यालय के भ्रमण के दौरान मुलाक़ात हुई एक लाम्बी औरत के द्वारा सुनाई गयी कहानी मुझे काफ़ी हृदयविदारक लगी कि किस तरह उनके परदादा को गोरे ज़मींदारों से उधार के रूप में लिए गये सिर्फ़ सौ डालर के बदले बीस एकड़ की अपनी स्तैनी ज़मीन हमेशा-हमेशा के लिए खोनी पड़ी थी। अब भी उनके रिश्ते-नाते, नाती-पोते उस ज़मीन को वापस पाने के लिए कोर्ट-कचहरियों का चक्कर काट रहे हैं।

अपना अस्तित्व, अपनी पहचान (विली फ्रेंच लोवी, 1975)

लाम्बी सौन्दर्य प्रतियोगिता की विजयी मिस वांडा लॉकलियर मैकॉल (2016)

टस्कारोरा आदिवासी

सदियों से अपनी मातृभूमि नॉर्थ कैरोलिना में बसनेवाले तथा भांग संग्रहकारी और कमीज़ पहननेवाली आदिवासी के रूप में प्रसिद्ध आइरोक्वूइस आदिवासी के वंशज टस्कारोरा जनजाति जो अत्यन्त प्रकृति-प्रिय और शान्ति-प्रिय है, जिनके अनुसार जल उनकी धरती माता की रक्त रेखा है और इसी मूल सिद्धान्त पर अपना जीवन-यापन व्यतीत करने में विश्वास रखने वाली टस्कारोरा आदिवासी का इतिहास भी अत्यन्त दयनीय है। गोरे औपनिवेशिकों द्वारा किये गये छल-कपट, लूट-पाट, अज्ञात बीमारियों के कारण और अमेरिका के स्वतन्त्रता संग्राम के दौरान हुए उथल-पुथल में इन्हें अपनी मातृभूमि से बेघर होना पड़ा था। 2008 की जनगणना के अनुसार अब केवल एक हज़ार की संख्या में ही लोग जीवित बचे हैं जो नॉर्थ कैरोलिना, वर्जीनिया, न्यूयॉर्क के कुछ अनिश्चित रूप से आरक्षित भूमि में बसे हैं।

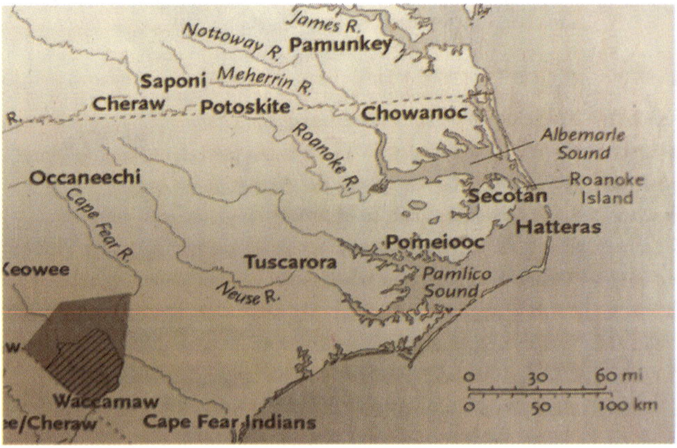

ऐतिहासिक तत्त्वों के आधार पर ऐसा कहा जाता है कि 1580 के दशक में टस्कारोरा आदिवासियों ने नॉर्थ कैरोलिना के आन्तरिक तटीय मैदान के अधिकांश हिस्सों पर अपना क़ब्ज़ा जमाया हुआ था। उस समय उन्हें पूर्वी कैरोलिना के क्षेत्र में सबसे शक्तिशाली और अत्यधिक विकसित जनजाति के रूप में स्वीकारा गया था। साथ ही यह भी माना जाता था कि उनके पास अत्यन्त मूल्यवान धातुओं की खदानें थीं। 1664 से लेकर 1667 तक उनके द्वारा दावा की गयी भूमि के क़ब्ज़े को लेकर अंग्रेज़ी औपनिवेशियों ने टस्कारोरा के साथ छिटपुट रूप से लड़ाई जारी रखी और लेकिन 1700 दशक के बाद अंग्रेज़ों ने उनके द्वारा अधिकृत भूमि के अतिक्रमण से परहेज किया। बल्कि चोवन नदी के पश्चिमी क्षेत्रों को टस्कारोरा भूमि के रूप में स्वीकृति भी प्रदान की। क्रिस्टोफ बैरन वॉन ग्रेफेनरीड नामक स्विस और जर्मन उपनिवेशिक उत्पीड़क नेता ने 1710 में नॉर्थ कैरोलिना के राइन और न्यूस नदियों के आस-पास न्यू बार्न नामक इलाक़े लगभग 19000 एकड़ ज़मीनो पर अधिकार जमाया ताकि यहाँ के आदिवासियों द्वारा अधिकृत मूल्यवान ख़ज़ानों को लूट सकें और साथ ही साथ गोरों के समूहों को भी यहाँ बसा पाये। यहाँ तक कि वह व्यक्तिगत निवेश के रूप में भी 5000 एकड़ जमीन पर क़ब्ज़ा करने में समर्थ हुआ। परन्तु कुछ ही महीनों के अन्दर आईरोक्वूइस टस्कारोरा के नेतृत्व में आदिवासियों के भयंकर हमले होने लगे। अधिकांश स्विस लोगों

का नरसंहार किया गया और ग्रेफेनरीड को अपने साथी लॉसन के साथ क़ैदी बना लिया गया। बाद में लॉसन की हत्या की गयी लेकिन वर्जीनिया गवर्नर अलेक्जेंडर स्पॉट्सवुड के साथ हुए समझौते के दौरान ग्रेफेनरीड को रिहा कर दिया गया। उसके तुरन्त बाद स्विस और जर्मन कॉलोनी न्यू बार्न में तहस-नहस हो गयी थी।

1710 में औपनिवेशिक समझौते के बाद भी टस्कारोरा के लोगों को अनेक तरह के भेदभाव का सामना करना पड़ा था। उनसे अधिक शुल्क लिया गया, घाटों के उपयोग पर रोक-थाम लगा दी, शिकार सम्बन्धी प्रतिबन्ध भी लगा दिये गये थे। उनको अपनी ज़मीनों के आस-पास शिकार करने के लिए इनकार किया गया। व्यापार में भी धोखा दिया गया। यहाँ तक कि कई टस्कारोरा आदिवासियों को चुराकर, ज़ोर-ज़बरदस्ती पकड़कर ले गये और गुलामी की ज़ंजीरें पहनाकर बेच भी डाले। उनकी लकड़ियों को अवैध रूप से काटा गया था और औपनिवेशिक सरकार ने उनके आने-जाने के पथ पर भी अधिकार जमा लिया था और धीरे-धीरे उन्हें अपनी भूमि को छोड़ने के लिए मजबूर किया गया।

नॉर्थ कैरोलिना के समुद्र के तटीय मैदानी इलाक़ों में अंग्रेज़ी उपनिवेशवादियों की लगातार बढ़ती आबादी के कारण अधिकांश अल्गोनक्वियन-भाषी (Algonquian - speaking tribes) पश्चिम दिशा की ओर चले गये। लेकिन इरोक्वूइयन-भाषी (Iroquoian tribe) टस्कारोरा आदिवासी के लोग पेमलिको और न्यूस नदियों के किनारों में बसे गाँवों में रह गये थे। गोरों की बढ़ती आबादी के कारण बहुत ही जल्द टस्कारोरा आदिवासियों के साथ तनाव बढ़ने लगा। उपनिवेशवादियों ने टस्कारोरा को अपने खेतों के पास शिकार करने से मना किया। फलस्वरूप, उनकी शिकार भूमि कम होती चली गयी। साथ ही गोरे व्यापारियों ने टस्कारोरा आदिवासियों को व्यापार में भी धोखा दिया और थोड़े ही दिनों में गुलामी की जंजीरें उनके पैरों

में भी बाँध दी गयीं। 1711-1714 का 'टस्कारोरा इंडियन युद्ध' इतिहास के पन्नों में काफ़ी प्रसिद्ध है जिसमें दक्षिण कैरोलिना के कर्नल जॉन बार्नवेल के नेतृत्व में खड़ी सशक्त लड़नेवाली सेना के समक्ष उनकी हार हुई थी और जिसके फलस्वरूप टस्कारोरा आदिवासी को एक शान्ति-सन्धि के लिए सहमत होना पड़ा था। सन्धि-शर्तों के मुताबिक उन्हें न्यूस और केप-फियर नदियों के क्षेत्रों से बाहर निकल जाना पड़ा। लेकिन दुखद बात यह थी कि नॉर्थ कैरोलिना की विधानसभा ने बार्नवेल और युद्ध में विजय हासिल किये सिपाहियों को पुरस्कृत करने से इनकार कर दिया क्योंकि उनके अनुसार यह फ़ौज टस्कारोरा आदिवासियों की शक्ति को सम्पूर्णतः ख़त्म करने में नाकाम रही। फलस्वरूप, साउथ कैरोलिना लौटते वक़्त, बार्नवेल के सैनिकों ने रास्ते में मिले टस्कारोरा आदिवासियों की न केवल हत्या की बल्कि लगभग दो सौ से अधिक टस्कारोरा महिलाओं को पकड़कर बच्चों सहित उन्हें पैसों की ख़ातिर ग़ुलामी की प्रथा में बेच दिया। इस युद्ध के दौरान लगभग एक हज़ार चार सौ टस्कारोरा आदिवासी मारे गये थे और बाक़ी बचे आदिवासी हमेशा-हमेशा के लिए नॉर्थ कैरोलिना छोड़कर न्यूयॉर्क और कनाडा में बसने के लिए भाग गये।

मैक्सटन शहर, नॉर्थ कैरोलिना

टस्कारोरा आदिवासियों को ढूँढते-ढूँढते नॉर्थ कैरोलिना के दक्षिणी क्षेत्रों में स्थित मैक्सटन नामक जगह की ऐसी जगहों पर मैं पहुँच गयी थी कि क्या

बताऊँ। मेरे साथ मेरी सास, श्रीमती तिलोत्तमा नेउग भी गयी हुई थीं क्योंकि मैं अकेले ऐसे अनजान इलाक़ों में जाने का साहस अभी तक जुटा नहीं सकी हूँ। ढाई घंटे की ड्राइविंग के बाद खेतों की ज़मीनों से गुज़रकर मिला एक पुराना शहर, मैक्सटन शहर और उसके भीतर पुराने-पुराने मकान। कुछ एक तो बेहद ख़ूबसूरत और कुछ मानो सम्पूर्णतः ध्वस्त होने को ही शेष हैं। कुछ क्षणों के अन्दर गाड़ी शहर से निकल गयी और हमें बिल्कुल पता ही नहीं चला। फिर अचानक सुनसान रास्ते के समानान्तर बहती हुई लम्बर नदी की तेज़ धाराएँ देखने को मिलीं। बसन्त के आगमन का सन्देश लेकर उग रही उजली हरी-हरी घांसों से भरपूर खुले मैदान और साथ ही लम्बर नदी के किनारे घने और लम्बे साइप्रस यानी सरो वृक्षों की हरियाली देखकर काफ़ी मंत्रमुग्ध हुए। अचानक थोड़ी ही दूर पर आगे टस्कारोरा आदिवासियों का एक बड़ा-सा साइनबॉर्ड दिखा। लेकिन वहाँ गाड़ी से उतरने का मन नहीं हुआ मानो अन्तरात्मा परोक्ष रूप से कुछ कहने का इशारा कर रही हो। फिर वापस शहर की तरफ़ आयी और कोविड की वजह से सब कुछ वैसे ही बन्द पड़ा था। एक लाइब्रेरी खुली दिखी और वहाँ कुछ लोगों से मुलाक़ात हुई जो श्वेत वर्ण के थे। लेकिन वहाँ से आगे बढ़ने के लिए स्थानीय लोगों ने मना कर दिया। उनके अनुसार अब इस जनजाति के ज़्यादातर लोग चरस, भांग, गांजा जैसी मादक औषधियों व नशीले पदार्थों के सेवन व सौदे के साथ जुड़े हुए हैं। यहाँ की पुलिस व सुरक्षाकर्मियों के साथ उनका हमेशा संघर्ष चलता रहता है। फिर मैक्सटन शहर में बसे टस्कारोरा आदिवासियों से मिलने का सपना अधूरा ही रह गया।

कैटावबा आदिवासी, नॉर्थ कैरोलिना

'कैटावबा' शब्द पहली बार लगभग अठारहवीं शताब्दी की शुरुआत में प्रयोग में आया जब यह भिन्न खोजकर्ताओं व उपनिवेशियों द्वारा प्रकाशित पत्रिकाओं व अभिलेखों में इस्तेमाल किया जाने लगा। सर्वप्रथम इसका प्रयोग

अंग्रेज़ी खोजकर्ता जॉन लॉसन की 1700-1701 में की गयी यात्रा से जुड़ी हुई कथाओं व लेखनियों में पाया जाता है जब उन्होंने साउथ कैरोलिना के चार्ल्सटन शहर से नॉर्थ कैरोलिना की टार नदी की उत्पत्ति स्थल तक की अपनी खोज-यात्रा जारी की थी। उन्होंने लिखा कि सिओन-भाषी कैटावबा इंडियंस दिखने में अमेरिका के उत्तरी-पूर्व क्षेत्रों में व्याप्त दूसरे आदिवासियों से बहुत कुछ अलग नहीं हैं। वर्तमान समय में इस प्रसिद्ध आदिवासी के अधिकांश लोग साउथ कैरोलिना राज्य में बसते हैं। 1960 में किया गया अन्तिम सदस्यता पंजीकरण (कर्वर 1961) के तहत यह बात सामने आयी थी कि उनकी जनसंख्या केवल 631 मात्र थी। उनमें से भी कुछ रॉक हिल शहर से दूर 'पुराने आरक्षण भूमि' पर रहते हैं। ज़्यादातर कैटावबा आदिवासी के लोग कपड़ों के उद्योगों मे काम करते हैं जो रॉक हिल की अर्थव्यवस्था में सबसे महत्त्वपूर्ण उद्योग है और वे सब अंग्रेज़ी भाषा ही बोलते हैं। यह उल्लेख भी मिलता है कि पीडमोंट पठारी इलाक़ों में बसनेवाले सिओन-भाषी कैटावबा आदिवासी के लोग उपनिवेशियों के साथ युद्ध व हिंसा के प्रतिकूल हमेशा सद्भाव रखते थे लेकिन दुर्भाग्यवश भिन्न संदिग्ध बीमारियों खासकर चेचक जैसी संक्रामक बीमारी के कारण कई लोगों की जानें गयीं। साथ ही साथ पड़ोसी आदिवासियों के साथ हुए निरन्तर संघर्ष के कारण भी उनकी जनसंख्या घटती रही। तथ्यों के मुताबिक़ 1600 शताब्दी की शुरुआत में पीडमोंट पठारी इलाक़ों में कुल मिलाकर पाँच हज़ार कैटावबा आदिवासी थे।

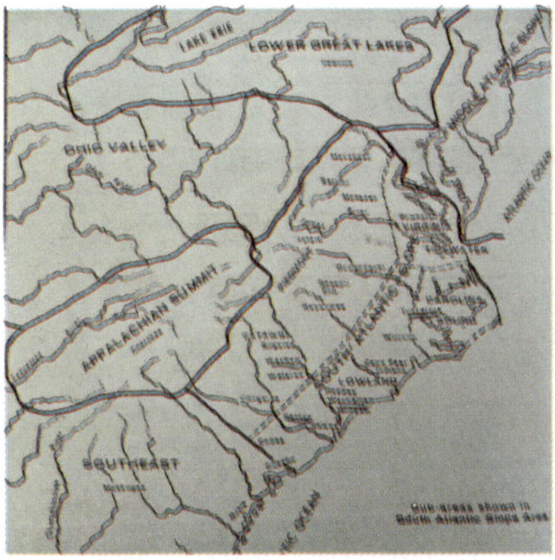

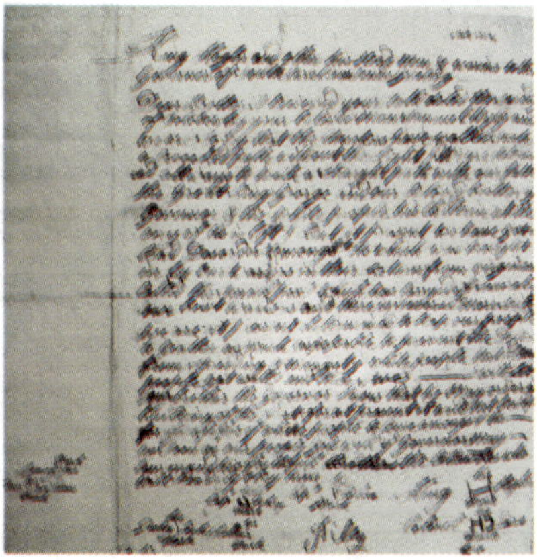

लेकिन बड़ी दुखःद बात यह है कि 1784 में पहुँचकर तीन सौ से भी कम आदिवासी रह गये थे।

इतिहास के पन्नों में यह सुनहरे शब्दों में लिखा है कि अमेरिका के उत्तरी- पूर्व क्षेत्रों के तेरह मूल तटीय राज्यों (न्यू हैम्पशेयर, मैसाचुसेट्स, रोड आइलैंड, कनेक्टिकट, न्यू यॉर्क, न्यू जर्सी, पेंसिल्वेनिया, डेलावेयर, मैरीलैंड, वर्जीनिया, नॉर्थ कैरोलिना, साउथ कैरोलिना और जॉर्जिया) के निवासियों को पश्चिमी क्षेत्रों में अपना आधिपत्य जमाने के लिए आदिवासियों की एक दीवार का सामना करना पड़ा था जो न्यू हैम्पशेयर के व्हाइट माउंटेन से लेकर पश्चिम के एलेघनीज़ और ब्लू रिज माउंटेंस से होकर दक्षिण दिशा में स्थित कैरोलिना के स्मोकीज़ तक फैली हुई थी। शुरुआत में इसी विशालकाय एपलाचियन पर्वत शृंखला ने उपनिवेशियों को अपने आधिपत्य के विस्तार में बाधा उत्पन्न की थी। मगर अठारहवीं शताब्दी के अन्त तक, कई खोजकर्ताओं व उपनिवेशी संस्थाओं ने इन ख़तरनाक पर्वत शृंखला के मध्य अपना रास्ता निकालते हुए पश्चिम जगत की समृद्ध भूमि पर अपना अधिकार जमा लिया।

संयुक्त राज्य अमेरिका और ग्रेट ब्रिटेन के प्रतिनिधियों के बीच हुए समझौते के तत्काल '1783 की शान्ति संधि' पर हस्ताक्षर किया गया। इसके तुरन्त

बाद अमेरिकी क्रान्तिकारी युद्ध की समाप्ति हुई तथा अंग्रेज़ और अंग्रेज़ी उपनिवेशियों को नयी भूमि पर बसाने की माँग रखी गयी जिसके फलस्वरूप उन्हें पश्चिम दिशा में स्थित मिसिसिपी नदी के तट तक की भूमि प्रदान कर उपनिवेशियों को सम्मानित किया गया। मगर मध्य अमेरिका का हिस्सा घने जंगलों और अव्यवस्थित रूप से बसाये गये कई दर्जन भयंकर व ग़ुस्से से लथपथ, ख़ून की माँग करनेवाली बेघर आदिवासियों का इलाक़ा बन चुका था जिन्होंने एपालेशियन पर्वतों से परे घने जंगलों में घर बसाने की कोशिश कर रहे अंग्रेज़ी उपनिवेशियों को लगातार धमकी दे रही थी। क्रान्ति के उपरान्त पहले सात वर्षों तक आदिवासियों द्वारा पन्द्रह सौ से भी अधिक अंग्रेज़ी उपनिवेशियों की हत्या की गयी। '1794 का फॉलन टम्बर्स' और 1811 का टिप्पेकेनो' इन दो प्रसिद्ध ऐतिहासिक युद्ध ने आदिवासियों की स्थिति को तितर-बितर कर दिया था जिन्होंने पश्चिमी अमेरिका के क्षेत्रों में अंग्रेज़ी उपनिवेशियों के प्रवाह का तीव्र रूप से विरोध किया था और हज़ारों की संख्या में जानें ली थीं। फलस्वरूप कई आदिवासियों को मिसिसिपी नदी से परे भूमि की ओर निकाल दिया गया था। कई आदिवासी जान बचाकर उत्तर दिशा में स्थित कनाडा और दक्षिण में फ्लोरिडा के स्पेनिश अधिकृत इलाक़ों में भाग गये थे और इस तरीक़े से सम्पूर्ण अमेरिका के उत्तरी क्षेत्रों से लेकर पश्चिमी क्षेत्रों की भूमि अंग्रेज़ी उपनिवेशियों के बसने व बसाने के लिए खुली की खुली रह गयी।

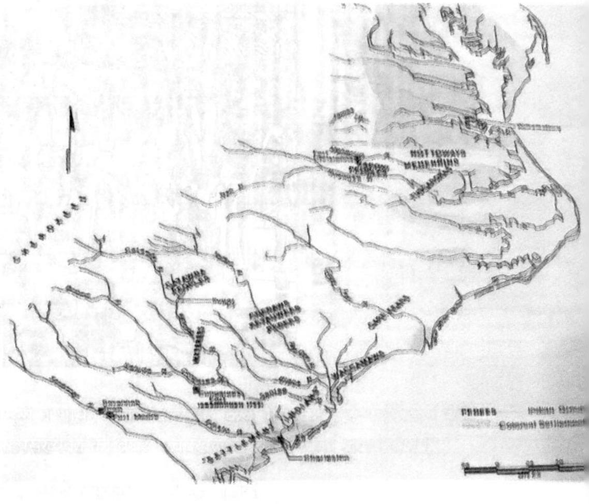

(1720 के दशक के नॉर्थ कैरोलिना के आदिवासियों से जुड़ा हुआ व लिंडा मेरेल द्वारा तैयार किया गया मैप।)

इतिहास इस बात का साक्ष्य प्रमाण है कि अमेरिकी आदिवासियों के साथ हुए लगातार अन्याय,

बर्बरता जो न केवल अवैध थी, बल्कि उनके पूरे समुदाय में भय और आतंक पैदा कर उन्हें व उनकी भविष्य की पीढ़ी को विनाश के कटघरे में खड़ा कर दिया था। साथ ही, हाल ही में, अचानक उत्तरी अमेरिकी क्षेत्रों में ख़ासकर कनाडा में आदिवासियों के साथ हुए ऐतिहासिक अन्याय और नरसंहार जैसी ख़बरों ने पूरे विश्व भर की चेतनता को झकझोर देने के साथ-साथ, मेरे भी होशो-हवास उड़ा दिये थे। कनाडा में1899 से 1997 तक कार्यशील मैरीवल इंडियन रेसिडेंशियल स्कूल के परिसर के अन्दर की गयी खुदाई के दौरान 751 आदिवासी बच्चों की कंकालें बरामद हुई हैं जिन पर किसी तरह का चिह्न व नामो-निशान तक नहीं था। उसके अलावा, केमलूप्स इंडियन रेसिडेंशियल स्कूल जो कनाडा का सबसे बड़ा रेसिडेंशियल यानी बोर्डिंग स्कूल माना जाता था और जहाँ देशभर के बच्चे पढ़ने आते थे, उसके स्कूल परिसर में भी 215 आदिवासियों के बच्चों के शव मिले हैं। अपने अस्तित्व को ताक़तवरों के सामने दाँव पर लगाकर घुटने टेक आधुनिकता के नाम पर ऐसी संस्कृतियों में घुल-मिल जाने की प्रक्रिया में नेटिव आदिवासियों को अपने छोटे छोटे बच्चों की जानें खोनी पड़ी थीं। काले अक्षरों में लिखित यह इतिहास आधुनिकता व एकीकरण के नाम पर, मानवीयता के नाम पर एक कलंक है। दूसरी शान्ति-प्रिय जातियों पर किये गये अत्याचार का यह जीवन्त उदाहरण है जो कि मानवीयता का निर्मम दुर्भाग्य है।

आदिवासियों के अस्तित्व की एक पहचान

नेटिव अमेरिकन यानी अमेरिकी आदिवासियों की लोक-कथाए☒ उनके अस्तित्व की एक पहचान हैं। उनका इतिहास अपने संघर्षमय जीवन की सच्चाई है, जिसे कभी भुलाया नहीं जा सकता या विलुप्त होने देना भी अनुचित है। अंग्रेज़ी उपनिवेशियों द्वारा सृजित भयंकर विनाश और द्वैतवाद की आशंका व अनिश्चितता के काल के दौरान यहाँ के आदिवासियों द्वारा अपने अस्तित्व को बरकरार रख अपनी जातीय ईमानदारी, एकात्मकता

और सुबोधता का निदर्शन प्रस्तुत करना प्रत्यक्षतः सराहनीय है जो सारे आदिवासियों का एक मौलिक सिद्धान्त स्वीकृत हुआ था। इसके प्रतिकुल, उसे कुछ अन्य तरीके से अपने आप को सिद्ध करने व न्यायोचित प्रतिपन्न करने के लिए मजबूर करना दुराचारिता का परिचायक था। आदिवासियों को शान्तिपूर्ण जीवन जीने का मान अधिकार मिलना चाहिए और इसी उम्मीद से उनके लोक साहित्य के कुछ अनछुए को फिर से रेखांकित करने एक चेष्टा है।

"इसे एकीकरण कहें या पृथकीकरण? क़ानूनी व शासनीय कार्यवाही हेतु किया गया व्यवहार्य-एकीकरण एक बात है, किन्तु एकीकरण के नाम पर अल्पसंख्यकों को बेघर व बेदखल करना बिल्कुल अलग बात है।"

— ल्यू बार्टन, लाम्बी पत्रकार व विशेषज्ञ, 1971

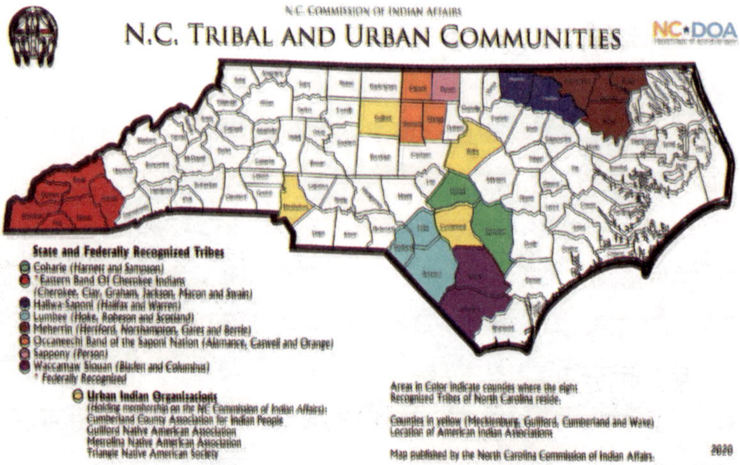

वर्तमान समय में नॉर्थ कैरोलिना के भिन्न आदिवासियों और शहरी समुदायों का नक़्शा

अमेरिकी आदिवासियों का हॉलीवुड की फ़िल्मों में उपस्थापन

अमेरिका के नेटिव आदिवासियों के संघर्षों का उपस्थापन, आदिवासियों के साथ किये गये अन्याय के साथ-साथ उनके अतीत का इतिहास, वर्तमान समय की उनकी स्थिति और भविष्य की आशाओं के साथ चल रही परिकल्पनाओं का सही मात्रा में हॉलीवुड की फ़िल्मों में चित्रण देखने को मिलता है। उनमें से कुछ मुख्य फ़िल्में और उनकी पटकथा के बारे में नीचे द्रष्टव्य है:

'अपाचे' 1954

'अपाचे' 1954 में रॉबर्ट एल्ड्रिच द्वारा निर्देशित हॉलीवुड की एक प्रसिद्ध अंग्रेज़ी फ़िल्म है जिसकी कहानी 1936 में प्रकाशित पॉल वेलमैन द्वारा लिखित उपन्यास 'ब्रोंको अपाचे' पर आधारित थी। यह एल्ड्रिच की पहली रंगीन फ़िल्म थी। प्रमुख कलाकारों में बर्ट लैंकेस्टर, जीन पीटर्स और जॉन

मैकइंटायर के अभिनय प्रतिभा ने दर्शकों को मोहित किया था। 1850 से लेकर 1886 के बीच तक अपाचे जाति के प्रमुख नेता व चिकित्साविद् गेरोनिमो ने तीन केन्द्रीय अपाचे गुटों जैसे त्चिहेंडे, त्सोकानेंडे (तथाकथित चिरिकाहुआ) और नेदनी के साथ शामिल होकर न्यू मैक्सिको और एरिज़ोना राज्य में मैक्सिकन और अमेरिकी सैन्य अभियानों के ख़िलाफ़ की गयी लड़ाई में नेतृत्व किया और कई जगहों पर छापे मारकर तहलका मचा रखा था लेकिन अन्त में उसे आत्मसमर्पण करना पड़ा। उसे

फ्लोरिडा के आरक्षण स्थलों में पहुँचाने हेतु ट्रेन के अन्दर क़ैदियों से भरे सख्त पहरेदारों के बीच भेजा गया। लेकिन ओक्लाहोमा राज्य से गुज़रते समय भागने का प्रबन्ध कर अपनी पत्नी को वापस जीतने और कृषि-कार्य कर जीवन व्यतीत करने के उद्देश्य से अपने वतन वापस लौटा। हलाँकि दूसरी तरफ़ अमेरिकी सैन्य वाहिनियों का मनसूबा कुछ और ही था।

'गेरोनिमोः एन अमेरिकन लेजेंड' 1993

'गेरोनिमोः एन अमेरिकन लेजेंड' 1993 में बनी एक ऐतिहासिक फ़िल्म जो अपाचे आदिवासी के प्रमुख युद्ध गेरोनिमो का 1886 में अमेरिकी लेफ़्टिनेंट चार्ल्स बी गेटवुड के समक्ष किये गये आत्मसमर्पण का एक काल्पनिक चित्रण है। वाल्टर हिल द्वारा निर्देशित और जॉन मिलियस की पटकथा पर आधारित इस फ़िल्म में वेस स्टडी, जेसन पैट्रिक, जीन हैकमैन, राबर्ट डुवैल और मैट डेमन ने अच्छी कलाकारी निभाई। प्रमुखतः अमेरिकी सरकार द्वारा

आदिवासियों को कब्जा करने की प्रक्रिया में अपाचे आदिवासियों द्वारा किये गये सशस्र प्रतिरोध की कहानी है। अमेरिकी सरकार द्वारा अनुमोदित आरक्षण स्थलों पर मक्के की खेती-बाड़ी कर जीवन व्यतीत करने के लिए अनिच्छा से सहमत हुए नेटिव आदिवासी लोग धीरे-धीरे सरकार के टूटे वादों और बेवजह की कार्यवाइयों के खिलाफ़ खड़े हुए विद्रोहियों में गेरोनिमो सर्वप्रमुख थे। कई बार पकड़े भी गये लेकिन बार-बार क़ब्ज़े से बचकर सरकार को ही नहीं बल्कि सारी ब्रिटिश सेना को अपमानित करते हैं।

'द लास्ट ऑफ़ द मोहिकन्स' 1992

'द लास्ट ऑफ़ द मोहिकन्स' 1992 में रिलीज हुई एक अमेरिकी ऐतिहासिक ड्रामा फ़िल्म जो 1757 के फ्रेंच और नेटिव इंडियन आदिवासियों के युद्ध की पटभूमि पर फ़िल्माई गयी थी। माइकल मान द्वारा निर्देशित यह फ़िल्म जैम्स फेनिमोर द्वारा लिखित और 1826 में प्रकाशित उपन्यास 'द लास्ट ऑफ़ द मोहिकन्सः ए नेरेटिव ऑफ़ 1757' पर आधारित थी। फ़िल्म के अन्दर दर्शाये गये लड़ाई के कुछ दृश्य नॉर्थ कैरोलिना के प्रसिद्ध ब्लू रिज माउंटेन, चिमनी रॉक और एपलाचियन माउंटेन जैसे लुभावने पर्यटन स्थानों में फ़िल्माये गये थे। प्यार, विश्वासघात और बदला जैसी भावनाओं के इर्द-गिर्द घूमती इस फ़िल्म की कहानी में भी मोहिकन्स, मोहौक, हूरों जैसे नेटिव आदिवासियों के संघर्षपूर्ण जीवन की झलक मिलती है।

'द लास्ट ऑफ हिज ट्राइब' 1992

'द लास्ट ऑफ हिज ट्राइब' 1992 में अमेरिकी टेलीविज़न पर प्रदर्शित ड्रामा थियोडोरा क्रोबर की किताब "ईशी इन टू वर्ल्ड्स" पर आधारित है जो

उनके पति अल्फ्रेड क्रोबर के अपने दोस्त याही आदिवासी को आख़िरी इन्सान के रूप में माना गया। ईशी से हुई दोस्ती और दोनों के अपने-अपने वास्तविक अनुभवों का एक खुला दस्तावेज़ है। एक तरफ़ 20वीं सदी के सुव्यस्थित समाज में तालमेल बिठाने के लिए जो संस्कृति उसके लिए एकदम परायी है, ईशी के द्वारा की गयी यथोचित कोशिश और दूसरी तरफ़ अल्फ्रेड क्रोबर की मन:स्थिति का निर्देशक हैरी हुक ने बख़ूबी उभारा है। जॉन वोइट ने क्रोबर और ग्राहम ग्रीन ने ईशी के रूप में सुन्दर अभिनय प्रदर्शन कर दर्शकों के दिल जीतने में सक्षम हुए हैं।

‘विंडवॉकर’ 1981

‘विंडवॉकर’ वाइयोमिंग राज्य के प्रसिद्ध चेयेने आदिवासी का एक वृद्ध कुलपति, योद्धा विंडवॉकर के जीवन पर आधारित फ़िल्म 1981 में पर्दे पर दर्शाई गयी जिन्होंने अपने रिश्तेदारों के साथ-साथ सम्पूर्ण कबीलों को अन्तिम साँस तक शत्रुओं की लगातार छापेमारी और आक्रमण से बचाकर सुरक्षित जगह पहुँचाने की एक लम्बी गाथा है। नेटिव अमेरिकन आदिवासी समूहों में ख़ासकर चेयेन आदिवासी की प्रतिद्वन्द्वी जाति क्रो योद्धाओं के आपस के संघर्षों की लड़ियाँ, विंडवॉकर की पत्नी ताशीना की सामूहिक हत्या, जुड़वाँ बेटों में से एक का अपहरण और अन्त में जाकर मिलन, चेयेने आदिवासियों की प्रसिद्ध प्राकृतिक दवाइयों का

स्वास्थ्य पर असर, ईश्वरप्रदत्त स्वरूप 'महान आत्मा' के आशीर्वाद से जीवन-प्राप्ति, मृत्यु के बाद परलोक में आत्माओं का मिलन जैसे विश्वासों से भरपूर यह फ़िल्म दर्शकों को चेयेने आदिवासियों की जीवन-शैली और जीवन-दर्शन की प्रतिछवि प्रतिबिम्बित कराती है।

'ते-अताह' 2016

'ते-अताह' ओक्लाहोमा राज्य में बसे चिकासॉ आदिवासी की एक सुप्रसिद्ध लोक कथाकारा 'ते-अताह' थॉम्पसन फिशर के जीवन की सच्ची घटनाओं पर आधारित यह फ़िल्म 2016 में पर्दे पर रिलीज हुई है। थॉम्पसन फिशर ओक्लाहोमा के 'इंडियन रिजर्वेशन' क्षेत्रों के अन्दर एक छोटे से गाँव में पैदा हुई थी और बचपन से ही अपनी आदिवासी पहचान, चिकासॉ की संगीत, संस्कृति व इतिहास के प्रति काफ़ी सतर्क रही। चिकासॉ लोक कथाओं की कथन परम्परा को पुनर्जीवित कर उन्होंने पूरे विश्वभर में एक कलाकारा व लोक-कथाकारा के रूप में शोहरत हासिल की। विश्व भर के कई उच्च कोटि के मंच पर उन्होंने अपना अभिनय प्रस्तुत किया जैसे कि व्हाइट हाउस के अन्दर अमेरिका के राष्ट्रपति फ्रैंकलिन रूजवेल्ट और यूरोप में इंग्लैंड की रानी एलिज़ाबेथ के समक्ष भी अपनी लोक कथाओं की प्रस्तुति पेश की।

'गेदर' 2020

'गेदर' सदियों से चलती रही नरसंहार के आघात से, अन्तरात्मा में लगातार जूझ रहे नेटिव अमेरिकन आदिवासियों के बिरासती खाद्य-पदार्थ, जड़ी-

बूटियों के संरक्षण हेतु किया गया एक अनूठा प्रयास, संजय रावल द्वारा निर्देशित, 2020 में रिलीज यह एक डॉक्यूमेंट्री फ़िल्म। सम्पूर्ण उत्तर अमेरिका के आदिवासियों की अपनी आध्यात्मिक, राजनैतिक और सांस्कृतिक अस्तित्व को पुनःस्थापित करने बढ़ते चले आ रहे सामूहिक आन्दोलन का मैत्रीपूर्ण प्रदर्शन है। एरिज़ोना राज्य में बसे व्हाइट माउंटेन अपाचे नेशन के एक बावर्ची जिनका नाम है नेफी क्रेग, क्लिनिक औषधि तत्त्वों पर आधारित खाने-पीने के पदार्थों पर ध्यान केन्द्रित है जो पारम्परिक उपचार प्रक्रिया को बहाल करने का एक अनोखा पथ दर्शाते हैं। एल्सी दुब्रे, साउथ डकोटा राज्य के चेयेने रिवर सिओक्स नेशन के एक युवा वैज्ञानिक जो बाइसन की ऐतिहासिक अहमियत की ओर ध्यान आकर्षित कराते हैं। खाद्य-पदार्थों की माँग पर ज़ोर देते हैं। उत्तरी कैलिफ़ोर्निया के युरोक आदिवासी राष्ट्र के अन्दर ऐनसेसट्रल गार्ड नामक पर्यावरण से जुड़े कार्यकर्ताओं का एक समूह, कलमाथ नदी को बचाने की कोशिश कर रहे दिखाये गये हैं।

'मोंटफोर्ड' 2021

'मोंटफोर्ड' प्रसिद्ध चिकासो आदिवासी के गाय-बैलों का चरवाहा ओक्लाहोमा निवासी मोंटफोर्ड टी जॉनसन के जीवन से प्रेरित यह एक अनूठी कहानी, 1800 वीं सदी के अन्तिम पड़ाव के देश की गौरवशाली विरासत का फ़िल्मी रूपान्तरण है। पश्चिमी

अमेरिका के सुप्रसिद्ध हाईवे यानी चिसोल्म ट्रेल के किनारे अपना पशु-साम्राज्य, गाय-बैलों की रैंच-पशुशाला स्थापित करते समय चरवाहा मोंटफोर्ड द्वारा सामना की गयी कठिनाइयों का एक हृदय विदारक प्रदर्शन है जिसको अमेरिकी सरकार ने आरक्षित ज़मीनों पर ही बसने के लिए मजबूर किया था। मोंटफोर्ड ने कड़ी मेहनत और दूसरों की सेवा जैसे जीवन-दर्शन के माध्यम से चिकासो जाति का नेतृत्व कर अनेक व्यावसायिक निर्णय लिये, समझौते करवाये ताकि चिकासो लोगों को हमले के ख़तरे के बिना भूमि पर खेती करने की अनुमति मिल सके और इसके बदले में अमेरिकी सरकार जब भी चाहे उनकी रैंच में से ही भोजन की आवश्यकता की पूर्ति कर पाये।

अनुवाद कार्य की आवश्यकता

अब सवाल यह पैदा होता है कि आज के युग में अनुवाद कार्य की आवश्यकता कितनी है ? उत्तर में यह कहा जा सकता है कि पुस्तकों का अनुवाद करना अपने आप में एक विशिष्ट गुण-सम्पन्न कला है जिसके ज़रिये दुनिया भर के पाठकों के समक्ष एक नयी दुनिया को जानने और समझने का दरवाज़ा खुलता है और स्वाभावतः यह कार्य अपने आप में अत्यन्त निराला है। इसलिए अनुवाद कार्य की तथा इसके साथ जुड़े विशेषज्ञों की यानी अनुवादकों की सराहना करनी चाहिए। लोक कथाएँ समय-सापेक्ष सामाजिक, राजनैतिक और आर्थिक स्थिति को उजागर करती हैं। जाति-विशेष, समाज और सभ्यता के सम्पूर्णतः ज्ञान, समझ, नैतिक मूल्यों और सूचनाओं को पीढ़ी दर पीढ़ी तक फैलाती रहती है। विश्व के हर एक देश, हर एक कोने में भिन्न प्रकार की लोक कथाएँ मौजूद हैं और इन सारी कथाओं में एकरूपता हमेशा से विद्यमान है। उनकी कथन—प्रक्रिया, यानी दंतकथाएँ, मिथकों व परियों की कथा-कहानियों को सुनाने की विधि व परम्पराओं में निकटता और घनिष्ठता विद्यमान है। लोक कथाएँ दुनिया भर की परम्परा, इतिहास, दर्शन, राजनीति जैसे विषयों में पाठक की समझ के परिसर को वर्धित करने में मदद करती हैं।

यह दुनिया भर के पाठकों को वैश्विक साहित्य का आनन्द लेने की अनुमति प्रदान करती हैं। किसी भी भाषा की अज्ञानता के कारण पैदा हुई दीवारों को तोड़कर अनुवाद कार्य दूसरे समाज व जातियों के बीच एक पुल बाँधती हैं और अपने भीतर की चुप्पी तोड़ने के लिए प्रोत्साहित करती हैं। लोक कथाएँ स्वाभवत: बच्चों को देश के भविष्य के प्रति सचेत कर एक चेतन नागरिक के रूप में तैयार करती हैं।

अनुवाद कार्य के दौरान अनुवादक को अनेक चुनौतियों का सामना करना पड़ता है और इसलिये उसे अनेक बातों पर ध्यान देकर आगे बढ़ना होता है। स्वभावत: हर एक भाषा के अपने कई ख़ास लक्षण और अपनी अलग-अलग विशेषताएँ होती हैं और अनुवादक को हमेशा बड़ी चुनौतियों का सामना करना पड़ता है कि वे सही ढंग से, एक सन्तुलनात्मक रूप से उन सारी विशेषताओं को प्रस्तुत कर पाये। लेखकों की भी अपनी-अपनी शैलियाँ होती हैं जिनके द्वारा भिन्न साहित्यिक मूल्यों, सिद्धान्तों व विचारों के दर्शन उनके लेखन कार्यों से प्रदर्शित होते हैं। निश्चित रूप से यह अत्यन्त आवश्यक है कि अनुवादक अपने पाठकों को उस भाषा और शब्दों के सही विकल्पों के प्रयोग द्वारा उन सारी विशेषताओं से परिचित करवा पाये। अनुवाद-कौशल प्रक्रिया की आवश्यकताओं का सही अमल हो ताकि दूसरी जाति, सम्प्रदाय की संस्कृतियों में संचित ज्ञान और प्राचीन रीति-नीति, सामाजिक चाल-चलन की जीती-जागती तस्वीर पाठकों के समक्ष प्रस्तुत हो पाये।

विज्ञान और प्रौद्योगिकियों के विकास और प्रसार के दौर में अब पूरी दुनिया एक वैश्विक गाँव में परिवर्तित हो गयी है जो पारस्परिक प्रतिस्पर्धा के बदले, प्यार, सच्चाई, वफ़ादारी, सम्मान, शान्ति, सम-अधिकार जैसे मानवीय मूल्यों और समाज की मूलभूत अच्छाई को प्रतिस्थापित करने की ओर मनुष्य का ध्यान आकर्षित करने की कोशिश करती जा रही है। ऐसे में, अनुवादक पथ-प्रदर्शक के रूप में अपना कर्तव्य बखूबी निभा रहा है। जैसा कि दक्षिण

अफ्रीका के प्रथम अश्वेत भूतपूर्व राष्ट्रपति नेल्सन मंडेला ने कहा था, "यदि आप किसी व्यक्ति से उस भाषा में बात करते हैं जिसे वह समझता है, तो सारी बात उसके दिमाग़ में जाती है। लेकिन, अगर, आप उससे उसकी अपनी मातृभाषा में बात करते हैं तो वह बात सीधा उसके दिल में उतर जाती है।" बरसों से अनुवाद-कार्य के ज़रिये अन्य संस्कृतियों के संचित ज्ञान तथा प्राचीन ज्ञान के ख़ज़ानों को पाठकों के समक्ष उनकी अपनी भाषा में प्रस्तुत कर उनके ज्ञान भंडार तथा साहित्यिक कोश की वृद्धि की जा रही है। साहित्यिक अनुवाद देश की ही नहीं, सम्पूर्णतः सभ्यता के एक विशाल शस्त्रागार के द्वार को खोलता है जो अन्य किसी भाषा में परम्परागत रूप से अनुपलब्ध है। दूसरे देशों तथा संस्कृतियों के मार्ग को दर्शाने के लिये, उस देश तथा संस्कृति के विशाल सांस्कृतिक समृद्धि के द्वार को खोलकर रखना अत्यन्त आवश्यक है। वर्तमान समय में भाषा, साहित्य और संस्कृति से जुड़े हुए शिक्षकों के लिए यह अत्यन्त ज़रूरी है कि वे शिक्षा की मशाल को बरकरार रखे। अनुवाद कार्य के ज़रिये दूसरे देशों तथा उसके निवासियों के पारम्परिक रहन-सहन के तरीक़ों को पाठकों के समक्ष अवगत करा पायें। आनेवाली पीढ़ी को अपने अस्तित्व की पहचान करने व उसपर गर्व महसूस कराने की क्षमता प्रदान कर पाये। अपनी समृद्ध साहित्यिक विरासत से ज्ञान प्राप्त कर आनेवाली पीढ़ियों के लिए विकास का एक सुगम-मार्ग तैयार कर पायें और इसलिए अनुवादकों की सराहना करना अत्यन्त आवश्यक है।

आये दिन अख़बारों, पत्रिकाओं व सोशल मीडिया में दुनिया भर में तेज़ी से बढ़ रही हिंसा, जातिवाद, वर्ण-व्यवस्था, शंका व कुंठाओं से भरपूर दुनिया भर की ख़बरों ने निराशाजनक परिस्थितियों की सृष्टि कर रखी है। मानो आज का मनुष्य मनुष्यता, मानवीयता से जुड़ने के बजाय एक-दूसरे के शत्रु बनकर खड़े हुए हैं। उन्हें यह आश्वासन दिलाने की अत्यन्त आवश्यकता है कि मानवीयता, संवेदनशीलता, सहभागिता, सौजन्यता, भाईचारा जैसे बुनियादी सद्गुण अभी भी बरकरार हैं। खोयी हुई स्मृतियों को, कथाओं में छिपी वैश्विक-

दर्शन के साथ-साथ प्रेम कथाओं को व वास्तविक जीवन के नायकों को जीवन नामक रंगभूमि में स्वीकार करने का समय आ चुका है ताकि सत्यता, अहिंसा, ईमानदारी, सेवा, दान, विश्वास, श्रद्धा जैसे सद्गुणों की स्थापना हो। अब हमें एक-दूसरे में मानवीय भावनाओं को मज़बूत कराने की क्षमता पर ध्यान देना चाहिए।

अमेरिकी आदिवासियों की लोक कथाओं को एक दर्पण के रूप में प्रयोग कर इनके माध्यम से इनमें समाहित आदिवासियों की लोक-संस्कृति व जीवन-दर्शन को समसामयिक परिप्रेक्ष्य में प्रतिबिम्बित कराने, उनकी लोक-चेतनता को स्पष्ट रूप से चमकाने, नैतिक व्यवहार की भावना को विकसित कराने, यहाँ की रंग-बिरंगी संस्कृतियों की बारिकियों, सांस्कृतिक पहलुओं जैसे रीति-रिवाज़, विश्वासों व परम्पराओं की ओर झाँकने तथा हिन्दी-उर्दू के पाठकों के साथ-साथ सम्पूर्ण दक्षिण एशियाई पाठकों को अनुप्रेरित कराने, उनके दुख-दर्द में सहभागी होने और अमेरिकी और भारतीय समाजों के बीच समझौते का एक सेतु व पुल बाँधने के उद्देश्य से इस किताब की रचना हुई है। इस सहयोगात्मक कार्य के ज़रिये विश्व भर के आदिवासियों की संस्कृति और विश्वास प्रणाली की परम्परा के साथ-साथ उनकी खोयी हुई पहचान को वापस लाने का एक विनम्र प्रयास है।

"इंडियन आदिवासियों के समग्र संघ सम्पूर्णतः पिघल गये,
पिघलते बर्फीली गेंदों की तरह
गोरों की संग्रामिक तरक़्क़ी के आगे.... "

ड्रेजिंग कैनो

(लाम्बी आदिवासी)

कौआ किरण लाया

(एक इनुइत* लोक कथा)

बहुत साल पहले जब यह पृथ्वी नयी-नयी बनी थी तो इनुइत जाति के लोग पृथ्वी के उत्तरी क्षेत्रों में घनघोर अँधेरों में रहते थे। उन्होंने न कभी किरण के बारे में सुना था और न ही कभी किरण देखा था। पहली बार जब एक कौए ने उन्हें किरण के बारे में बताया तो उन्होंने विश्वास नहीं किया कि ऐसी भी कोई चीज़ हो सकती है। वह कौआ उत्तरी क्षेत्रों से दक्षिणी क्षेत्रों में हर साल आता-जाता रहता था।

गेराल्ड मैकडरमोट द्वारा लिखित "रेवन" नामक किताब से ली गयी तस्वीर

* इनुइत एस्किमो का एक गुट है जो उत्तर अलास्का से पूर्वी ग्रीनलैंड क्षेत्रों में व्याप्त है।

धीरे-धीरे वे लोग किरण की ज़रूरतों को रोज़मर्रा की ज़िन्दगी में महसूस करने लगे। उन्होंने बार-बार कौए से प्रार्थना की कि वही दक्षिणी क्षेत्रों में जाकर किरण को उन्हें लाकर दे। कौए ने सिर हिलाते हुए कहा—"मैं बहुत बूढ़ा हो गया हूँ। किरण यहाँ से बहुत दूरी पर है। मुझसे अब उतना दूर उड़ा नहीं जाता।" लेकिन लोगों की ज़रूरतों को देखकर एक दिन कौए ने दोबारा सोचा और इनुइत जाति की भलाई के लिए दक्षिणी क्षेत्रों तक उड़ने का फ़ैसला कर लिया।

कौआ उत्तर के कभी न ख़त्म होनेवाले अँधेरी क्षेत्रों से मीलों दूर तक लगातार उड़ता रहा। कभी-कभी वह इतना थक जाता था कि मानो उसका सारा हौसला ख़त्म हो जाता और वापस आने का सिद्धान्त ले लेता। फिर अपने लोगों के बारे में सोचकर मन को बाँधकर आगे बढ़ता रहता। एक दिन अचानक उसे किरण की एक झलक दूर से दिखाई दी। उसे तब पता चल गया था कि अब और ज़्यादा दूर नहीं है। कौआ अपने पंखों को ज़ोर-ज़ोर से मारने लगा। अचानक अनेको रोशनियाँ चारों तरफ़ से उसकी आँखों को घेरने लगीं। अनेक प्रकार के रंगों, चीज़ों के आकार-प्रकार को देखकर कौआ देखता ही रह गया। धीरे-से उसने अपने पंखों को नीचे की तरफ़ मुड़ा और एक पेड़ पर बैठकर आराम करना चाहा। उसने देखा कि उसके ऊपर नीला आसमान चमक रहा है। हालाँकि वह पूरी तरह से थक चुका था, पर आसमान में कोमल सफ़ेद बादलों के सौन्दर्य को देखकर कौआ मन्त्रमुग्ध हो गया था। नीचे की तरफ़ नज़र डाली तो देखा कि वह एक गाँव के किनारे पर पहुँच गया है, जहाँ से एक बड़ी-सी नदी बहती जा रही है और जिसका ज़्यादातर भाग अभी भी बर्फ़ से ढँका हुआ है। तभी उसने देखा कि एक सुन्दर लड़की पेड़ के किनारे से होकर नदी की तरफ़ आयी और एक मटके में पानी भरकर गाँव की ओर वापस जाने लगी। कौए ने तुरन्त ही अपने आप को एक धूल के गोले में रूपान्तरित किया और लड़की के फरवाले कोट में जाकर गिरा। रास्ते में वह सबकुछ ध्यान से देखकर जा रहा था। जब लड़की अपने पिता

की बर्फ़ीली हवेली के अन्दर गयी तो कौए को पता चल गया कि उस लड़की के पिताजी गाँव के मुखिया हैं।

हवेली के अन्दर गर्मी थी। कौए को बहुत आराम मिला। उसने चारों तरफ़ देखा। उसकी नज़रें एक सन्दूक में जाकर रुकीं जिसके चारों कोणों से रोशनी चमक रही थी। "किरण!"—उसने मन ही मन सोचा। फिर उसने देखा कि वहीं एक छोटा-सा लड़का ख़ुशी से खेल रहा था। तभी धूलरूपी कौआ लड़की के कोट में से उतरकर छोटे लड़के के कान में जा घुसा और खुजली करने लगा। छोटा लड़का झट से उठकर बैठ गया और अपने कान खुजलाने लगा। जब खुजली न मिटी तो वह ज़ोर-ज़ोर से रोने लग गया। अपने पोते को रोते देखकर मुखिया हवेली के अन्दर आया और घुटने टेक पोते से पूछा—"क्यों रो रहे हो मेरे लाल?"

छोटे लड़के के कान के अन्दर कौए ने फुसफुसाया—"बोलो, तुम एक किरण के गोले के साथ खेलना चाहते हो।" छोटे लड़के ने अपने कान खुजाते हुए कौए द्वारा बतायी गयी बात दोहरायी। मुखिया ने अपनी बेटी से वह चमकीला सन्दूक मँगवाया और वहाँ से एक किरण का गोला निकालकर एक रस्सी में बाँधकर अपने पोते को खेलने के लिए दिया। उज्ज्वल सफ़ेद गोले को देखकर छोटा लड़का ख़ुशी से हँस पड़ा लेकिन गोला लेने से पहले अपने कान खुजलाकर देखा। कौए ने फिर से उसके कान में खुजली मचाई। छोटा लड़का इस बार सुबक-सुबककर रो पड़ा।

"मेरे राजा बेटे को क्या हुआ, मुझे बताइए क्या हुआ?" मुखिया ने पूछा।

छोटे लड़के के कान में कौए ने फिर से फुसफुसाया, "बोलो, तुम बाहर जाकर खेलना चाहते हो।" लड़के ने कान खुजाए और कौए द्वारा बतायी गयी बातें

गेराल्ड मैकडरमोट द्वारा लिखित 'रेवन' नामक किताब से ली गयी तस्वीर

दोहरायीं। मुखिया जल्दी ही उसे अपने कन्धों पर उठाकर बाहर ले आया। पीछे-पीछे लड़के की माँ भी घबराई हुई बाहर आयी।

जब सारे लोग बर्फीली हवेली से बाहर आए तो कौआ धीरे-से छोटे लड़के के कान से बाहर निकल आया। उसके बाद उसने अपना असली रूप धारण किया। सीधे लड़के के हाथों की तरफ़ उड़ा और गोले की रस्सी को लड़के के हाथों से छीनकर नीले आसमान की तरफ़ ज़ोर लगाकर पंखों को मारने लगा। देखते ही देखते वह आसमान में ग़ायब हो गया और किरण का गोला लेकर दक्षिणी क्षेत्रों की अँधेरी राहों की ओर उड़ने लगा। साथ ही साथ किरण का गोला अँधेरों को मिटाता चला गया।

उधर दूर उत्तरी क्षेत्रों में इनुइत लोगों ने देखा कि एक रोशनी अँधेरों को फाड़कर उनकी तरफ़ बढ़ती चली आ रही है। धीरे-धीरे वह रोशनी पास आती गयी तो उन्होंने देखा कि कौआ आगे उड़ रहा है और वह रोशनी पीछे एक रस्सी में लटकी हुई है।

तभी कौए ने रोशनी का गोला नीचे फेंक दिया। गोला अपने में से किरण बिखेरकर चारों ओर से अँधेरों को दूर भगाता गया। अचानक आसमान नीला होकर चमक उठा। काले पर्वत-पहाड़ों से बर्फ़, पानी इतने चमक उठे कि पहली बार इनुइत लोगों की आँखों को भा गया। अपने सौभाग्य पर कभी वे रोने लगे तो कभी वे अचानक हँस पड़े और साथ ही साथ आश्चर्य व्यक्त करने लगे। लेकिन जब कौए ने बताया कि यह किरण ज़्यादा दिन नहीं टिकेगा, क्योंकि वह दक्षिणी क्षेत्रों से केवल एक ही किरण का गोला लाने में समर्थ हुआ है। इस गोले से सम्पूर्ण उत्तरी क्षेत्रों को केवल छह महीनों तक ही रोशनी मिल पायेगी। हर साल इसे छह महीनों का आराम देना पड़ेगा तभी अगले छह महीनों तक की रोशनी उत्पन्न हो सकती है। उन छह महीनों के दौरान अँधेरा फिर से वापस आ जायेगा।

लोगों ने कहा, "साल में छह महीनों तक की रोशनी काफ़ी है। तुम्हारे आने से पहले हमने तो पूरी ज़िन्दगी अँधेरों में बिताई है। धन्य हो तुम।"—ऐसा कहकर सारे लोगों ने कौए को धन्यवाद किया।

तभी से अब तक इनुइत जाति के लोग साल के छह महीने अँधेरों में और छह महीने दिन के उजालों में रहते हैं। वे हमेशा से कौए का शुक्रगुज़ार हैं जिसकी वजह से उन्हें छह महीनों की रोशनी प्राप्त हुई।

ख़रगोश का मज़ाक़

(क्रीक-मशकोगी ट्राइब, ओक्लाहोमा)

एक समय की बात है, एक जंगल में एक ख़रगोश रहता था। वह बहुत ही चालाक था और अपनी चालाकी से सबको उल्लू बनाता फिरता था इसलिए जंगल के सारे जानवर उससे बहुत नाराज़ रहते थे और कोई भी जानवर उससे दोस्ती करना नहीं चाहता था। उस जंगल के नज़दीक से होकर एक पतली नदी बहती थी। ख़रगोश को नदी के पानी में जाकर खेलना बहुत पसन्द था। वहाँ उसका एक मनपसन्द घाट भी था। जहाँ पर पानी पीना उसे बहुत अच्छा लगता था। क्योंकि यह घाट दूसरे घाटों की तुलना में काफ़ी सुन्दर और ऊँचाई पर स्थित था और जहाँ पर बड़े-बड़े पत्थरों का मानो एक पुल बना हुआ हो। पानी का प्रवाह नदी के इस घाट तक पहुँचकर काफ़ी तेज़ हो जाता और फिर पत्थरों के निचले हिस्सों को छू कर और छपाक से पानी की छींटें चारों तरफ़ फैलाकर आगे एक ढलाव के रूप में फिर बह जाता था। वहीं पर नदी दूसरी दिशा की तरफ़ तेज़ी से मुड़ती हुई आगे अनजान पथरीले रास्ते पर बह जाती थी। उसी घाट के पास, पानी में दो साँप भी रहते थे। एक घाट की ऊँचाई पर ऊपरी हिस्सों पर यानी जंगलों की तरफ़ और दूसरा निचले हिस्सों पर यानी पानी में रहता था लेकिन वे एक-दूसरे को नहीं जानते थे।

ख़रगोश के दिमाग़ में एक ख़याल सूझा, "क्यों न थोड़ा मज़ाक़ किया जाये?"

उसने ऊँचाई पर रहनेवाले साँप के पास जाकर बोला, "मैं बहुत शक्तिशाली हूँ और मैं तुम्हें अपनी ताक़त से थोड़े ही समय के अन्दर पानी से ऊपर खींच कर ला सकता हूँ। मैं तुमसे शर्त लगाता हूँ, क्या तुम्हें मेरी शर्त मंज़ूर है?"

"तुम मुझे कभी खींच ही नहीं सकते। मेरा भी यह वादा रहा। हो सके तो थोड़ा-सा मुझे हिलाकर ही दिखाओ। मुझे विश्वास है कि तुम वह भी नहीं कर पाओगे।"— साँप ने जवाब दिया। वह साँप बहुत ही ज़्यादा बलवान था।

"मैं एक रस्सी लाने जा रहा हूँ।" ख़रगोश ने कहा। "तुम रस्सी की एक तरफ़ पकड़ना और मैं दूसरी तरफ़। अगर मैं तुमको पानी से ऊपर निकाल लाया तो मैं जीता और अगर तुम मुझे पानी के अन्दर ले गये तो तुम जीते।"

ऊपरी हिस्सों के पानी में रहनेवाला साँप राज़ी हो गया। ख़रगोश ने निचले हिस्से के पानी में रहनेवाले साँप से भी जाकर यही बात बतायी और उसे भी शर्त के लिए राज़ी कर लिया। उसने दोनों साँपों को यही कहा कि वह घाट के पत्थरों के बीच जाकर अपनी जगह बना लेगा और जब वह तैयार हो जायेगा तो रस्सी खींचने के लिए वहाँ से आवाज़ लगायेगा। दोनों साँप उससे सहमते हुए और दोनों ने मन ही मन सोचा कि इस छोटे-से ख़रगोश से तो उसकी जीत आसानी से होगी।

ख़रगोश कहीं से एक लम्बी रस्सी लेकर आया। उसका एक हिस्सा एक साँप की ओर दूसरा हिस्सा दूसरे साँप की ओर फेंका। और ख़ुद घाट के ऊपर बैठ गया ताकि वे दोनों उसे देख न पायें। जब सारे तैयार हो गये तो उसने खेल शुरू करने की आवाज़ लगायी। दोनों साँप रस्सी को खींचने लग गये। लेकिन उधर से विपरीत तरफ़ से भी जब समान शक्ति से रस्सी खींची जाने लगी तो दोनों साँपों ने सोचा यह ख़रगोश भी कम ताक़तवर नहीं है। दोनों ने अपनी जी जान लगा दी।

"ख़रगोश देखने में छोटा लगता है लेकिन है बहुत ताक़तवर।" ऐसा कहकर उसने रस्सी को अपनी ओर जी-जान लगाकर खींचा तो दूसरी तरफ़ से दूसरा

साँप पानी से निकल आया। तो फिर दूसरे साँप ने भी अपनी सारी ताक़त लगाकर रस्सी खींची तो इधर से भी साँप बाहर की ओर निकल आया। अब दोनों साँप ज़मीन पर आकर एक-दूसरे को खींच रहे थे।

उसे ऐसे रस्साकशी करते देख ख़रगोश को बहुत हँसी आयी। वह अपनी हँसी रोक न पाया और ज़ोर-ज़ोर से हँसने लग गया। उसकी हँसी सुनकर दोनों साँप समझ गये कि उन्हें उल्लू बनाया गया था। दोनों ने घाट के ऊपर आकर देखा कि ख़रगोश पेट पर हाथ रखकर हँस रहा था। दोनों ग़ुस्से के मारे आगबबूले हो गये। तभी एक साँप की नज़र दूसरे पर पड़ी और वे सारी बातें समझ गये। फिर दोनों साँपों ने मिलकर डाँट-फटकार कर ख़रगोश को वहाँ से भगा दिया ओर वे दोनों साँप हमेशा के लिए दोस्त बन गये।

अब ख़रगोश न अपनी प्रिय जगह पर खेलने जा सकता है और न वहाँ से पानी पी सकता है। अपनी करतूत पर उसे काफ़ी पश्चाताप हुआ। तबसे उसने सोच लिया कि आगे से वह कभी किसी साँप के साथ मज़ाक़ नहीं करेगा लेकिन फिर भी अपनी आदत से मजबूर है और सच्चाई यह है कि अब भी अगर उसे मौक़ा मिला तो दूसरों को उल्लू बनाने में कभी पीछे नहीं रहता।

भालू और मछुआ

(मेईन स्टेट, अमेरिका)

अमेरिका की मेईन स्टेट पहाड़ों से घिरी हुई एक बहुत सुन्दर जगह है। एक बूढ़ा मछुआ वहाँ कई सालों से रह रहा था। उसकी केबिन एक तालाब के किनारे पर थी जो उसका सबसे प्रिय तालाब था। उस तालाब में मछली पकड़ना उसे बहुत पसन्द था, क्योंकि उसमें मछलियाँ भी बहुत मिलती थीं।

एक दिन सुबह ही वह मछली पकड़ने निकला। उस दिन मौसम बहुत अच्छा था। तेज़ धूप निकली हुई थी। ऐसे मौसम में बहुत सारी मछलियाँ मिलने की सम्भावना होती है। लेकिन उस दिन उसकी तक़दीर ने बिल्कुल उसका साथ नहीं दिया। सुबह से शाम हो गयी लेकिन वह एक भी मछली नहीं पकड़ पाया। अन्त में निराश होकर वह केबिन की और वापस आ गया।

जब वह केबिन के पास पहुँचा तो उसने देखा कि केबिन का सामनेवाला दरवाज़ा पूरी तरह से खुला हुआ था। ख़ुद-ब-ख़ुद सन्देहजनक प्रवृत्ति जाग्रत हुई। वह धीरे-धीरे दरवाज़े के पास गया और चुपके से अन्दर की तरफ़ झाँकने लगा। उसने देखा कि केबिन के अन्दर एक महाकाय भालू ज़मीन

पर बैठा हुआ था और वह अपने दाँतों से शहद का एक बड़ा-सा डब्बा खोलने की कोशिश कर रहा था। अचानक से वह डब्बा नीचे ज़मीन पर गिरकर फट गया और सारा शहद फ़र्श पर फैल गया। पहले तो भालू ने अपने दोनों पाँव शहद में भिगो लिए, फिर दोनों पंजों से ज़मीन से शहद उठाकर अपने पैरों के बालों पर मलने लगा। उसके बाद अपनी उँगलियों को चाटने लग गया।

बूढ़ा मछुआ लेकिन डरनेवालों में से नहीं था। उसने केबिन के पीछे की तरफ़ जाकर खिड़की में अपना मुँह लगाकर भयंकर आवाज़ें निकालकर चिल्लाना शुरू किया। भालू डर के मारे बाहर निकल भागा और सीधे तालाब के किनारे पर जाकर रुका। दौड़ते समय भालू अपना दाहिना पैर उठाकर इस प्रकार चल रहा था कि उसे देखकर बूढ़े मछुए को बहुत हँसी आयी। भालू अपने पाँव को गन्दा होने से बचा रहा था क्योंकि उसमें ज़्यादातर शहद लगा हुआ था।

भालू तालाब के किनारे काफ़ी समय यूँ ही एक पैर पर खड़ा रहा। धीरे-धीरे ढेर सारी मक्खियाँ, कीड़े-मकोड़े, कटी-पतंग उसके पैरों के शहद में जमा होने लगे। फिर वह तालाब के पानी के अन्दर चला गया लेकिन तब भी वह अपने दाहिने पैर को हाथों से उठा रहा था ताकि पानी न लगे उसमें। अचानक पानी में से एक ट्राउट मछली छलाँग लगाकर उसके पैर से मक्खी निगल गयी। तभी एक दूसरी मछली ने भी वही करने की कोशिश की तो भालू ने उसे

किनारे की तरफ़ पंजा मारा। मछली बालू के ऊपर गिरकर छटपटाने लगी। भालू को मछली पकड़ने का एक सहज उपाय मिल गया और इस काम से उसे बहुत मज़ा भी आने लगा। जब थोड़ी देर में ढेर सारी मछलियाँ इकट्ठी हो गयीं तो भालू किनारे पर आकर एक-एक करके मछलियाँ खाने बैठ गया। भालू को कच्ची-ताज़ी मछलियों को खाते देखकर मछुए को जलन होने लगी। वैसे भी भूख के मारे उसके पेट में चूहे दौड़ने लग गये थे और धीरे-धीरे तालाब की तरफ़ चलकर एक झाड़ी के पीछे छिप गया। तभी भालू की नज़र झाड़ियों की तरफ़ गयी जहाँ पर बूढ़ा मछुआ छुपा हुआ था। मछली खाना छोड़कर भालू धीरे-से उठा और बची हुई मछलियों को वहीं छोड़कर जंगल की तरफ़ चल पड़ा। जाते समय वह बार-बार पलटकर मछुए को देखता गया।

भालू के जाने के बाद मछुआ झाड़ियों में से निकला और सीधे मछलियों के पास पहुँचा। भालू छह ट्राउट मछली वहाँ उसके लिए छोड़कर गया था। उसे बहुत ख़ुशी हुई और भालू की ओर देखकर सिर हिलाकर धन्यवाद किया। भालू ने भी झाड़ियों के पीछे से झाँका और मछुए को अपना पंजा हिलाकर जंगल की तरफ़ चला गया। मछुआ बालू में से मछलियाँ उठाकर जैसे ही केबिन की ओर जाने लगा तो जाते-जाते उसने अपने आप को कहा—"आज पहली बार किसी भालू ने शहद का मूल्य चुकाया होगा।"

प्रिय सहेली

(कैनसास के रेड इंडियन लोगों पर आधारित कथा)

जब भी मैं अपनी गुड़िया को देखती हूँ, मुझे अपने बचपन की सहेली की बहुत याद आने लगती है। यह गुड़िया शुरू से ही मेरे लिए बहुत ख़ास रही, और आज भी उतनी ही ख़ास है। उसके सुनहरे बाल भी ऐसे हैं कि मानो ये असली बाल हों। काँच की बनीं समन्दर सी गहरी और नीली-नीली उसकी आँखें भी ऐसी जैसे कुछ कह रही हों। वैसे इसके अलग-अलग तरह के कई कपड़ों की जोड़ियाँ हैं लेकिन जब यह रेशमी कपड़ों में लिपटी हुई होती है तो और भी ज़्यादा खुबसूरत लगती है। मेरे मम्मी-पापा कभी मुझे ऐसी गुड़िया ख़रीदकर नहीं दे सकते थे। यह तो मुझे मेरी सोफ़ी आंटी की तरफ़ से तोहफ़े में मिली थी।

जब हम कैनसास से प्रस्थान करने लगे तो सोफ़ी आंटी ने मुझे देखते हुए कहा था, "शारलाट, तुम्हें केनसास से जाने का बहुत दुख हो रहा है न। जब तुम लोग यहाँ से चले जाओगे, यह गुड़िया तुमको कभी मुझे भूलने नहीं देगी, हमेशा मेरी याद दिलाती रहेगी और तुम्हारा सारा दुख ख़त्म कर देगी।"

मैंने अपनी इस गुड़िया का नाम 'मैरी' रखा। 'मैरी' मेरी सबसे अच्छी दोस्त और सोफ़ी आंटी की बेटी जैसी थी। पापा को आइडाहो के एक रैंच में पशुपालक की नौकरी मिली थी। उन्होंने कहा "नयी जगह है तो बहुत अच्छा अनुभव होगा।"

मेरी तरफ़ देख कर बोले, "तुम वहाँ बहुत ख़ुश रहोगी।"

मैं बिल्कुल भी समझ नहीं पायी थी कि एक ही समय पर मैं कैसे दुखी और सुखी हो सकती हूँ। क्योंकि अपने दोस्तों को छोड़कर एक अजनबी जगह पर जाने का मेरा बिल्कुल भी मन नहीं था।

कैनसास से आइडाहो का सफ़र हमने ट्रेन से शुरू किया। सारा समय मैंने मैरी को पकड़कर अपने सीने से लगाकर रखा था। जब मैंने पहली बार पर्वतीय दृश्य और उसके साथ-साथ ख़ूबसूरत हरी-भरी ज़मीनों के नज़ारों को देखा तो मेरी ख़ुशी का ठिकाना न रहा। कुछ ही दिनों में हमें सैमन क्रीक में रहना अच्छा लगने लगा था। वहाँ पर्वतों का सौन्दर्य और उनके ऊपर से चाँद और सूरज का उगना और साथ ही डूबना ऐसे बहुत सुन्दर दृश्य रोज़ देखने को मिले। साथ ही अनेक जानवरों जैसे कायोटी, लोमड़ी की आवाज़ों मे अनेक सुमधुर गीत सुनकर हम तीनों 'मैं, माँ और पिताजी' नयी जगह का भरपूर आनन्द उठा रहे थे। लेकिन साथ ही मैं अपने बचपन की सहेलियों को बहुत याद करती रही थी। काश ! वे आज हमारे साथ यहाँ होतीं। कितना मज़ा आता अगर हम सब यहाँ एक साथ खेल पाते तो।

एक दिन जब मैं अपने घर के बाहर वाली सीढ़ियों पर बैठी अपनी गुड़िया 'मैरी' के साथ खेल रही थी तो अचानक उसका सिर बदन से निकल कर नीचे गिर पड़ा। मुझे लगा वह हमेशा के लिए टूट गयी और अब मैं कभी उसके साथ खेल भी नहीं पाऊँगी। उसको खोने के डर से मेरा हृदय काँप उठा। लेकिन जब मेरी माँ ने गुड़िया की गरदन, जिस पर पेच लगे हुए थे, उन्हें ठीक तरह से लगाया तो वह फिर से ठीक हो गयी। यह देख कर मेरी ख़ुशी का ठिकाना नहीं रहा।

एक दिन मैं नदी के किनारे अकेली खेल रही थी, और अपनी प्यारी सी गुड़िया से बातें कर रही थी। और क्यों न करती? उससे बातें करना मुझे अच्छा लगता और अब वही तो मेरी एकमात्र दोस्त रह गयी थी। मैं कभी-कभी उसके सिर को खोल कर अपनी कुछ क़ीमती चीज़ें जो कि मेरे लिए ख़ज़ाने से कम नहीं थीं, उसके अन्दर छुपा कर रख देती थी। जैसे कि मुझे तोहफ़े में मिला हेअर रिबन, कानों की बालियाँ और मेरी दादी का दिया हुआ सोने का लाकेट।

पत्थरों के ऊपर से बहती हुई नदी की तेज़ धारा की आवाज़ के कारण मुझे किसी की आने की ख़बर नहीं हुई। अचानक से मैं अपने क़रीब एक छाया को देखकर चौंक उठी। मेरे हाथ से गुड़िया नीचे गिर गयी और गुड़िया के अन्दर रखे मेरे सारे ख़ज़ाने ज़मीन पर गिर पड़े। पहली बार मेरा सामना एक रेड इंडियन लड़की से हुआ। समझ में नहीं आया कि मुझे क्या करना और न करना चाहिए। मैंने हिम्मत करके उससे बात की। वह थी लिलि। आम लड़कियों की तरह ही थी वह भी। लेकिन उसका पहनावा और शरीर का रंग अलग था। हड़बड़ी में मैंने अपनी गुड़िया को उठाया, और लिलि ने मुझे सारी चीज़ें ज़मीन से उठाने में मदद की। तभी मुझे लगा कि इससे डरने की कोई बात नहीं है। पहले पहल तो हम दोनों मूर्खों की तरह ज़ोर-ज़ोर से हँसने लगीं, क्योंकि एक-दूसरे की भाषा हमें समझ में नहीं आ रही थी। हमने हाथों के

इशारों से बातें कीं और लिलि ने मुझे सिखाया कि फूल को रेड इंडियन भाषा में क्या कहते हैं।

लिलि का घर पहाड़ों के ऊपरी हिस्से में था। उसका परिवार और दूसरे सारे रेड इंडियन लोग जानवरों के खालों से बनाये गये ओढ़नी क़िस्म के तम्बुओं में रहते थे। पहली बार जब मैं उससे मिलने उसके गाँव गयी थी तो सारे लोग मुझे घूर-घूर कर देख रहे थे। लिलि बहुत ही शर्मीली क़िस्म की लड़की थी और जब भी हमारे घर आती, हमारे गाय-बैलों से बहुत डरती थी। हम दोनों साथ में ख़ूब खेलतीं। कभी-कभी हम ब्लू बैरीज़ और पेड़ से सेब तोड़ने के लिए जातीं, तो कभी-कभी वहीं एक-दूसरे के ऊपर फलों को फेंकने का खेल भी खेलने लगतीं।

लिली के पास भी एक गुड़िया थी, लेकिन वह मेरी गुड़िया जैसी सुन्दर नहीं थी। इसलिए लिलि का आकर्षण मेरी गुड़िया की तरफ़ बढ़ना स्वाभाविक था। एक दिन लिलि ने मुझे तोहफ़े के रूप में छोटे-छोटे शंखों से बना हुआ बहुत ही प्यारा-सा एक कंगन दिया। मैंने उसे एक स्लेट और चाक दी। साथ ही उसे अंग्रेज़ी लिखना और पढ़ना सिखाना शुरू कर दिया था। ऐसे ही दो साल बीत गये। दूसरे साल के बाद एक दूसरा रांगलर हमारे रैंच में आया और साथ में यह भी सन्देश लाया कि सैनिकों की एक फ़ौज रेड इंडियन को यहाँ पर घेरने के लिए आयी है। मैंने खिड़की के पीछे चुपके से खड़े रहकर उनकी सारी बातें सुनने की कोशिश की। बाद में माँ-पापा के पास आकर खड़ी हो गयी। रांगलर कहने लगा कि “नेज़ पार्स रेड इंडियन जिन ज़मीनों पर क़ब्ज़ा कर रहे हैं वे दरअसल माईन और रैंच पर काम करनेवाले लोगों की हैं।”

“अब रेड इंडियन लोग कहाँ जायेंगे ?” मैंने डरते हुए पूछा।

"सैनिक उन्हें नदी से दूर एक रिज़र्व इलाक़े में भगा कर आयेंगे। मैंने सुना है किसी ट्राइब (आदिवासी) के साथ लड़ाइयाँ शुरू हो गयी हैं क्योंकि वे जाने से इनकार कर रहे हैं और वे अभी भी सोच रहे हैं कि ये उनकी ज़मीनें (लैंड) हैं।"

मुझे याद आया, एक बार लिली ने बताया था कि यह ज़मीन हमेशा-हमेशा से उन लोगों की ही हैं। वो हमेशा यहीं रहेंगे।

हमारे पास कुछ भी सोचने और करने के लिए समय ही समय था लेकिन लिलि के साथ क्या होगा, यही सोचकर मैं घबरा गयी। रांगलर के जाने के बाद ही डॉक्टर जी आये, जो कि नदी के ऊपरी और निचले हिस्सों में रहनेवाले लोगों को देखने आते थे। वे हमेशा मेरे लिए अलग-अलग क़िस्म की कैंडी लाते थे। जब डॉक्टर और पापा बातें कर रहे थे, मैंने माँ से कहा,

"मुझे लिलि के लिए बहुत चिन्ता हो रही है। मैं नहीं चाहती कि सैनिक उसे उठाकर ले जाये ! मुझे उसको किसी भी हालत में सावधान करना होगा।"

"अभी इस समय उससे मिलने जाना भी ख़तरे से ख़ाली न होगा और न ही उन्हें हम कोई सन्देश भेज सकते हैं, क्योंकि वे अंग्रेज़ी नहीं समझतें"। माँ ने कहा।

मेरे चेहरे पर अचानक एक ख़ुशी की लहर दौड़ गयी और मैंने माँ से कहा, "ज़रूर सन्देश भेजा जा सकता है ! लिलि अंग्रेज़ी पढ़ सकती है।"

माँ और मैंने योजना बनायी। मैंने एक काग़ज़ पर सुन्दर अक्षरों से लिलि और बाक़ी के रेड इंडियन लोगों के लिए यह लिखा कि ढेर सारे सैनिक उन्हें ले जाने के लिए आये हैं और एक भीषण युद्ध की सम्भावना है। फिर मेरी गुड़िया के सिर

को खोलकर उसके अन्दर वह काग़ज़ का टुकड़ा डाला और डॉक्टर अंकल के पास जाकर कहा, “अगर आप रेड इंडियन के गाँव जा रहे हैं तो मेरी यह गुड़िया मेरी दोस्त लिलि को दे दीजिए। उसके पापा का नाम ब्लैक इगल है।”

थोड़े ही समय में डॉक्टर अंकल घोड़े पर सवार होकर वहाँ से चल दिये। केबिन के अन्दर जाकर जब मैंने अपने पापा को सारी बातें बतायीं तो वे भी बहुत ख़ुश हुए। कहने लगे, “शाबाश, तुमने बहुत सही काम किया”।

उसके बाद से मैंने लिलि को कभी नहीं देखा। उसके बिना खेलने में कोई मज़ा ही नहीं आ रहा था। उससे मिलने के लिए मेरी अन्तरात्मा बेचैन होती रहती थी। मुझे नहीं पता कि लिलि के साथ क्या हुआ, लेकिन सुनने में आया था कि सैनिकों के आने से पहले ही सारे रेड इंडियन उस गाँव को छोड़कर भाग गये थे। कहाँ गये यह किसी को नहीं पता चला। मुझे बहुत ख़ुशी थी कि मेरी गुड़िया की वजह से उन सबकी जानें बच गयीं।

इस घटना के बाद हम भी सेलमन क्रीक से बहुत दूर के एक छोटे से क़स्बे कैनियन में आकर रहने लगे। हर साल गर्मियों की छुट्टियों में हम वहीं पुराने केबिन में रहने जाते थे। ऐसे ही कई साल और बीत गये। हमारे केबिन के चारों तरफ़ सूरजमुखी फूलों का बड़ा-सा बग़ीचा बन गया था। वृक्ष भी अब बड़े हो गये थे। लेकिन उन पर लगने वाले फलों को खानेवाला अब वहाँ कोई नहीं था।

इस बार गर्मियों में जब हम वहाँ पहुँचे तो अचानक हमारी सारी ख़ुशी हताशा में बदल गयी क्योंकि केबिन के सामनेवाले दरवाज़े थोड़े खुले हुए थे। कुछ सहमे हुए और कुछ उत्सुकतावश हम धीरे-धीरे दरवाज़े की तरफ़ आगे बढ़े। तभी देखा कि सामने कुरसी पर मेरी बचपन की गुड़िया रखी हुई थी। हालाँकि उसके कपड़े गन्दे और थोड़े से फटे हुए थे। लेकिन उसे इतने सालों बाद देखकर मैं ख़ुशी के मारे पागल-सी हो गयी थी। अचानक ख़याल आया और

मैंने धीरे-से उसके सिर को अलग किया। मुझे ऐसा अनुमान हो रहा था कि मेरे पुराने ख़ज़ाने के साथ वहाँ पर लिलि का कोई सन्देश हो सकता है। मेरा अनुमान सही निकला। लिलि ने लिखा था,

> प्रिय सहेली शारलाट,
>
> इतने सालों बाद आख़िरकार अब तुम्हारी गुड़िया लौटाने में कामयाब हुई हूँ। हालाँकि तुम्हारी प्रिय गुड़िया मेरे साथ सही-सलामत थी, लेकिन यह थी तो तुम्हारी ही धरोहर। इसलिए इसे लौटा कर जा रही हूँ। तुम्हारी वजह से हमारी बिरादरी को अब तक जो आज़ादी मिली है, उसके लिए मेरा परिवार और हमारी पूरी बिरादरी तुम्हारी सदा आभारी रहेगी। जब तक तुम्हें यह ख़त मिलेगा, हम एक-दूसरे से बहुत दूर जा चुके होंगे। लेकिन तुम मेरे दिल में हमेशा-हमेशा के लिए रहोगी।
>
> तुम्हारी प्रिय सहेली,
> लिली

मैंने अपनी ज़िन्दगी में पहली बार महसूस किया कि एक सच्ची दोस्ती की नींव कितनी गहरी होती है। यह एक ऐसा बन्धन है जो हमें हमेशा एक-दूसरे से बाँध के रखता है। लिलि की यादें मेरे दिल में हमेशा-हमेशा के लिए ताज़ी रहेंगी। मेरी आँखों से ख़ुद-ब-ख़ुद आँसुओं की धारा बहने लगी।

गीदड़ और कोलम्बिया नदी

(सहबतिन और सालिशान आदिवासी की कथा, वाशिंगटन और ओरेगन)

एक दिन एक गीदड़ अकेले घूम रहा था। भीषण गर्मी का दिन था और उसको भी बहुत गर्मी लग रही थी।

"मुझे थोड़े बादल का छाँव चाहिए।"—गीदड़ मन ही मन में बुदबुदाया।

तभी बादल का एक टुकड़ा आसमान में मँडराते हुए गीदड़ को छाँव देने लगा। लेकिन गीदड़ ख़ुश नहीं हुआ।

"मैं और बादल चाहता हूँ।"—गीदड़ बोल उठा।

कुछ देर में ही ढेर सारे बादल इकट्ठे होकर आसमान में मँडराने लगे। एकदम अचानक इतने घने काले बादलों के कारण चारों ओर अंधेरा छाने लगा। फिर भी गीदड़ की गर्मी कम नहीं हो रही थी। उसकी इच्छाएँ भी और बढ़ने लगीं।

“थोड़ी बारिश हो जाये तो कैसा रहेगा ?”

गीदड़ ने फिर से अपनी इच्छा प्रकट की और देखते ही देखते बारिशो की मोटी-मोटी बूँदें सबकुछ भिगोने लग गयीं।

“और-ज़्यादा, और-ज़्यादा” कहकर ख़ूब सारी बारिशो की माँग की। गीदड़ की माँग सुनकर बारिश ने अब भयंकर रूप धारण कर लिया। इस बार अचानक कड़कती हुई बिजली और भीषण तेज़ हवा के साथ धुआँधार बारिश होने लगी।

“मुझे अब एक झरना चाहिए जिसमें मैं अपने पैर रख सकूँ।”

गीदड़ ने अब इस प्रकार अपना आग्रह प्रकट किया। तभी गीदड़ के पैरों तले की ज़मीन फट गयी और थोड़े क्षणों के अन्दर ही एक सुन्दर-सा झरना बन गया जिसमें स्फटिक जैसा पानी बहने लगा।

“क्या यह झरना थोड़ा गहरा नहीं हो सकता है ?”

गीदड़ ने सवाल पूछा। झरने ने उसकी आँखों के सामने ही झट-से गहरा होकर एक बड़ी नदी का रूप धारण कर लिया। सहसा नदी की धार इतनी तेज़ हो गयी थी कि गीदड़ को भी साथ ले चली। गीदड़ नदी की तेज़ धारा में इधर-उधर ठोकर खाकर थोड़े समय के लिए बहता चला गया और उसके उपरान्त, अपना होश खो बैठा। जब उसने होश सँभाला और आँखें खुलीं तो अपने आपको गिद्धों के बीच घिरा हुआ पाया। जिनकी नज़रें उसी पर टिकी हुई थीं और उसे लगातार घूरते हुए सोच रहे थे कि गीदड़ अभी भी ज़िन्दा है या मर गया।

“मैं ज़िन्दा हूँ, मुझे मत खाओ”। गीदड़ ने इतनी ज़ोर से चिल्लाया कि उसकी आवाज़ सुनकर सारे गिद्ध उड़कर भाग गये।

सालिशान आदिवासी के लोगों का मानना है कि इसी तरह कोलम्बिया नदी बनी थी।

योसेमाइट के संरक्षक

(मियोवाक आदिवासी की कहानी, कैलिफ़ोर्निया)

अभिभावक व संरक्षक रूपी दयालु आत्मा व रूह टिसायेक कई दिनों और कई रातों तक योसेमाइट उद्यान की ख़ूबसूरत घाटियों के साथ-साथ यहाँ की सदाबहार वादियों की देखभाल करती रही। अक्सर, यह परोपकारी रूह घाटी के निवासियों के बीच अदृश्य रूप में रहती। हवा के संग बहती और वादियों के सौन्द्रर्य का गुण-बखान कर यूँ ही सदा गाती और घूमती-फिरती—

"मैं इस भूमि की हमेशा से देखभाल करती आयी हूँ। एक कोने से दूसरे कोने तक उड़-उड़कर ख़याल रख रही हूँ। मुझे विभिन्न पक्षियों के गीत, हरे-भरे रंगों वाली हर एक चीज़ की महक बहुत हैं। ऊँचे-ऊँचे पेड़ों के पत्तों को छूकर बहती हुई हवा की सरसराहटों से मुझे खुशियाँ मिलती हैं। वास्तव में यह एक पवित्र भूमि है। इसकी सुन्दरता मेरे दिलो-दिमाग़ को ख़ुशी से भर देती है। घाटी में रहने वाले लोगों ने मुझे एक नाम दिया है—टिसायेक। यहाँ के लोगों द्वारा की गयी मेरी इस स्वीकृति से मैं काफ़ी प्रसन्न हूँ। इसका मतलब है कि वे यहाँ मेरी मौजूदगी को महसूस करते हैं और मुझे हमेशा से अपनेपन का अहसास कराते आये हैं। मुझे इस घाटी में और इसकी वादियों में

अपना एक वास्तविक घर होने का आभास प्रतीत कराते हैं। कई वर्ष से इस घाटी के लोगों की देखभाल की है और मैंने इस पुण्य भूमि को सुरक्षित तथा संरक्षित रखने का प्रण भी करके रखा है। यहाँ के निवासी काफ़ी प्रशंसनीय हैं। हमेशा से अत्यन्त साहसी, कर्मठ, विनम्र और दयालु हैं।"

एक बार टिसायेक की इन घाटियों और वादियों में की गयी एक यात्रा के दौरान उसका ध्यान तुतोकानुला नाम के एक लम्बे और स्वाभिमानी योद्धा पर पड़ा। वह एक सशक्त और ज़िम्मेदार नेता के रूप में अपनी बिरादरी में जाना जाता था और जिसने अपने स्थानीय लोगों को कर्म-कौशल में बहुत उत्साहित कर भरपूर यश कमाया। उनकी बुद्धिमत्ता, सतर्कता और दूरदर्शिता ने योसेमाइट के लोगों को स्वावलम्बी होने तथा एक ख़ुशहाल ज़िन्दगी जीने के लिए काफ़ी प्रोत्साहित किया। टिसायेक के हृदय में तुतोकानुला के लिए प्रेम भावना जागी उसे पता ही नहीं चला और इसलिए वह योसेमाइट की घाटियों व वादियों में लगातार आती रही ताकि तुतोकानुला को देख सके, उससे बात कर सके, अपने सपनों व अरमानों को सजा सके और उसे साकार कर सके। वह कहती है—

"मैं यही कहना चाहूँगी कि आज मैं घाटी के लोगों के बीच एक महान योद्धा को देखकर बहुत ख़ुश हुई। सबलोग उसे तुतोकानुला के नाम से पुकारते हैं और उसके प्रति प्यार व सम्मानपूर्वक आचरण दर्शाते हैं।

वह बेहद आकर्षणीय व्यक्तित्व के अधिकारी है। साथ ही एक बहादुर योद्धा और अत्यन्त दयालु भी हैं। अपनी बुद्धिमत्ता और गहन विचार शक्ति के बदौलत पथ-प्रदर्शक बन अपनी बिरादरी के लोगों को हमेशा से कार्यक्षम बनाये रखने में समर्थ हुआ है।"

कई दिन ऐसे निकले कि टिसायेक इस योद्धा को देखने के लिए बादलों के बीच ही लुका-चुपी खेलती रही, जो फ़सलों को बचाने और खेतों को संरक्षित करने की परिकल्पना में, किसी भी दूसरे जन-नेता की तुलना में कहीं दूर निकल चुका है ताकि कठोर सर्दियों के दिनों में अपनी घाटी के निवासियों की ज़िन्दगी थोड़ी आसान हो सके। उसकी बुद्धिमत्ता और सहनशीलता ने टिसायेक के दिल को छू लिया था। जब रात की ठंडी हवा पेड़ों-पत्तों को छूकर गाना गाती है और रात के सुगन्धित फूलों की महक हवा को महकाती हैं तब टिसायेक अक्सर उसके सपने सजाने लगती है।

एक दिन, तुतोकानुला उस जगह पर शिकार करने के लिए आया जहाँ टिसायेक आराम करने के लिए ज़मीन पर अपनी सम्पूर्ण सुन्दर काया के साथ लेटी थी। टिसायेक सुन्दरता की भी एक जीती-जागती प्रतिमूर्ति थी। उसका रमणीय बदन, लम्बे सुनहरे बाल सूरज की किरणों में चमक रहा था। विलक्षण सौन्दर्य की अधिकारी टिसायेक की एक झलक मानो पराकाष्ठा की एक जीवंत प्रतिमूर्ति प्रतीत होती थी। जब उसने अपनी जादुई शक्ति से महसूस किया कि सशक्त नेता तुतोकानुला उसके करीब पहुँच चुका है, तो टिसायेक के दिल को अचानक एक अजीब स्पन्दन और एक शर्मीलेपन ने घेर लिया। वह तुरन्त जाकर पेड़ों के पीछे खड़ी हो गयी और झरोखों से तुतोकानुला को झाँकने की कोशिश करने लगी। चुपके से उस पर एक हल्की-सी नज़र डाली। उधर जैसे ही तुतोकानुला की भी नज़र इस सुनहरे बालोंवाली दिव्य आत्मा पर पड़ी तो उसके भी हृदय के तार झंकृत होने लगे। धड़कनें तेज़ होने लगीं और उसे अहसास होने लगा कि उसे प्यार हो गया है।

साथ ही वह यह भी स्वतः समझ गया कि यह सौन्दर्य की प्रतिमूर्ति कोई और नहीं, घाटी की संरक्षण करनेवाली दिव्य आत्मा है। अनजाने ही उसके दोनों हाथ टिसायेक की ओर इशारा करते हुए उठे और दोनों पाँव उसकी ओर आगे बढ़ने लगे। ख़ुद-ब-ख़ुद टिसायेक का नाम पुकारता हुआ वह आगे बढ़ने लगा। अचानक हृदय में उठी अनन्त अशान्त भावनाओं की भीड़ से टिसायेक को बेचैनी हुई और परेशान होकर वहाँ से चुटकी-भर में उड़ ग़ायब हो गयी।

योद्धा तुतोकानुला का हृदय टूटकर स्तम्भित रह गया। भग्न हृदय को लेकर वह काफ़ी दिनों तक टिसायेक की खोज में अस्थिर होकर भटकता रहा। उसे खाने-पीने की सुध न रही और आख़िर, उसने अपने दायित्वों से भी मुँह फेर लिया। हताशा ने उसके दिलो-दिमाग को घेर लिया मानो जीने की इच्छा कहीं खो गयी हो। अन्त में, मायूस होकर किसी को बिना कुछ बताये वह घाटी तथा अपने लोगों को छोड़कर कहीं दूर चला गया। अचानक अपने बुद्धिमान मार्गदर्शक तुतोकानुला के बिना योसेमाइट की इस घाटी में भयंकर परिवर्तन आने लगा। वादियों के लोगों में विश्वास व भाईचारे की कमी हो

गयी और आपसी मत-भिन्नता की वजह से एक-दूसरे के बीच तकरार बढ़ने लगी। हर कोई एक-दूसरे के शत्रु बन गये। आख़िर, ऐसी स्थिति आयी कि पूरी घाटी ही बर्बाद हो गयी और अधिकांश लोग नये घरों की तलाश में वहाँ से निकल पड़े।

कई महीनों बाद जब टिसायेक योसेमाइट की अपनी घाटी में फिर से लौटी तो उसने पूरी घाटी को बंजर पाया। वहाँ का निवासी भी अब कोई नहीं रहा। उसे अपनी दिव्य शक्ति से पता चला कि तुतोकानुला ने अपने लोगों को भुला दिया था और घाटी के निवासियों को अपने महान बुद्धि सम्पन्न निर्णायक के बिना अपने आपको सँभालने के लिए छोड़ दिया गया था। कई दिन और रातें खोज करने के बावजूद उसे मायूसी के अलावा कुछ और हासिल नहीं हुआ। निराश होकर वह ज़ोर-ज़ोर से रोने लगी और एक चट्टान-रूपी शिलाखंड के आगे घुटने टेक टिसायेक ने अन्तर्मन से उन सर्वोच्च शक्ति के अधिकारी, सर्वोत्तम आत्मा की प्रार्थना की कि दयामय इस पुण्य-भूमि को पुनर्स्थापित करें, खोई हुई खूबियों को वापस लाकर फिर से इस भूमि को खुशहाल बना दें।

टिसायेक की प्रार्थना सुनकर तथा योसेमाइट घाटी के लोगों की दुर्दशा देखकर सर्वोच्च शक्ति के अधिकारी उन सर्वोत्तम आत्मा का हृदय पिघलने लगा और उनमें दया उत्पन्न हुई। वे विशाल ब्रह्मांड रूपी आसमान से बादलों के बीच में से होकर नीचे ज़मीन की ओर उतरे और अपने दिव्य हाथों की चमत्कारी हथेलियों से घाटी की ज़मीन को स्पर्श किया। यकायक, घाटी की धरा हरी-भरी होने लगी, मानो एक नये भविष्य व जीवन का सन्देश लिए इस भूमि पर नूतन सृष्टि हो रही हो। भिन्न तरह के पेड़-पौधे, फूल उगने लगे और देखते ही देखते चारों ओर की वादियों में रंग-बिरंगे फूल खिलने लगे। एक बार फिर पशु-पक्षी मग्न होकर घूमने लगे और गाने लगे। फिर इन सर्वोत्तम आत्मा ने एक ज़बरदस्त झटके से सामने के चट्टानरूपी योसेमाइट पर्वत पर प्रहार किया। पलक झपकते ही वह विशालकाय चट्टान

दो अलग-अलग हिस्सों में बँट गयी, जिससे योसेमाइट की शिखर पर ज़मी बर्फ़ पिघलकर अचानक पानी की अनेकानेक धार व स्रोत फूट उठे। तुरन्त एक वृहद जलप्रपात का रूप धारण किया। जलप्रपात फिर अपना रास्ता ख़ुद तैयार कर नीचे पथरीली ज़मीन की ओर बहने लगा, बाद में जिसे लोग 'ब्राइडल वेइल फॉल्स' नाम से पुकारने लगे। जलप्रपात का पानी जैसे ही ज़मीन पर पहुँचा वहाँ एक विशाल झील की सृष्टि हुई और वहाँ से फिर दूसरी जगहों पर जीवन फैलाने के लिए आगे की ओर बढ़ने लगा। देखते ही देखते घाटी के चारों ओर हरियाली फैलने लगी, खेत-खलिहान स्वतःस्फूर्त उगने लगे। मकई ख़ुद-ब-ख़ुद लम्बी होती गयी और आसमान को छुने के लिए लहलहाने लगी जिसे दूर से ही देखकर घाटी से ग़ायब हुए लोग अपने-अपने घरों में फिर वापस आने लगे।

तुतोकानुला जब ख़ुद घाटी में वापस लौट आया तब उसने सुना कि टिसायेक घर वापस आ गयी है। यह सुनकर तुतोकानुला के हृदय में ख़ुशी की लहर दौड़ने लगी। उसे अपनी करतूतों पर पश्चात्ताप होने लगा कि अपने लोगों को कभी ऐसी अनिश्चत अवस्था में छोड़कर नहीं जाना चाहिए था। उसने घाटी के निवासियों के साथ जुड़ी अपनी जीवन-यात्रा की यादों को, अपने बिरादरी के लोगों के सौहार्दपूर्ण व्यवहार तथा भाईचारे को और सबके बीच सदियों से चली आ रही समरूपता को पत्थरों में तराशने का काम शुरू कर कई घंटे बिताये ताकि जब वह इस धरती से चले जायेंगे तो लोग उसे याद रख पायेंगे। बीती हुई बातों को याद कर आनेवाले दिनों में वादी के निवासियों के बीच एकता और मिलाप अक्षुण्ण रहेंगे। जब तराशने का कार्य समाप्त हुआ, तो तुतोकानुला थकावट के मारे प्रसिद्ध 'ब्राइडल वेइल फॉल्स' के निचले हिस्से में लेट गया जो 'द ग्रेट स्पिरिट' यानी सर्वोच्च शक्ति के अधिकारी सर्वोत्तम आत्मा ने बनाया था। लेटकर वह आसमान की तरफ़ ताकने लगा और टिसायेक की एक झलक की उम्मीद कर मन ही मन प्रार्थना करता रहा।

उसी दिन टिसायेक जब इधर-उधर उड़ती-घूमती हुई ब्राइडल वेइल फॉल्स के पानी के स्रोतों के साथ खेलने लगी तो अचानक नीचे बैठे तुतोकानुला पर उसकी नज़र पड़ी। उसने देखा कि तुतोकानुला अपने लोगों से, अपनी घाटी से प्रस्थान करने के लिए लगभग तैयार था। टिसायेक ने सोचा कि क्या अभी उसे तुतोकानुला के सामने जाना चाहिए? अगर वह तुतोकानुला के सामने अपने साथ जाने का प्रस्ताव रखे तो क्या वह उसके साथ जायेगा ? वह गिरते हुए पानी के मध्य में से उड़ती हुई तुतोकानुला की तरफ़ आयी और साभिप्राय से अपने सम्पूर्ण कायिक रूप के साथ तुतोकानुला के समक्ष पानी के ऊपर प्रकट हुई। अचानक टिसायेक को अपने समक्ष देखकर तुतोकानुला का भग्न हृदय ख़ुशी के मारे उछलने लगा और उसकी आँखों से एकाएक आँसू बहने लगे। टिसायेक ने सहानुभूतिपूर्वक अपने दोनों हाथ उसकी तरफ़ बढ़ाये। जैसे ही तुतोकानुला ने भी हाथ आगे किये तो अकस्मात उसके पाँव फिसले और टिसायेक को अपनी बाँहों में लेकर जलप्रपात के गहरे पानी मे दोनों जा गिरे।

आख़िरकार, बहादुर योद्धा अपने प्यार को पाने में सक्षम हुआ। टिसायेक को अपनी बाँहों में भरने के सपनों को साकार कर पाया। क्षण-भर में, जलप्रपतात के ऊपर दो सतरंगी इन्द्रधनुष दिखाई दिये और तुतोकानुला और टिसायेक के पवित्र प्रेम कहानी की साक्षी बनकर खड़े रहे। फिर तुतोकानुला को बादलों की ओर खींचकर दूर योसेमाइट के शिखर तक टिसायेक अपने साथ ले गयी जहाँ पर सूर्य डूब रहा था। वहाँ तक पहुँचकर फिर दोनों आँखों से ओझल हो गये। कहीं दूर बादलों में अदृश्य हो गये।

आसमानी औरत की सृष्टि

(टस्कारोरा कथा, न्यू यॉर्क)

पृथ्वी के उत्तरी गोलार्ध के बारे में, जहाँ आज हम सब खड़े हैं, पुरानी कथाओं में यह कहा जाता है कि यहाँ पहले जिन प्राणियों ने वास किया था, वे बिल्कुल नहीं जानते थे कि दुख-दर्द, मृत्यु और अश्रु का मतलब है क्या। वे घने जंगलों के अन्दर मोटे-मोटे काठों, लकड़ियों और लम्बरों द्वारा बनाये गये विशाल घरों में अपने परिवारों के सहित रहते थे। वहाँ पर एक घर था जहाँ एक महिला और पुरुष रह रहे थे जिनके नाम थे टेटुन और टेहनिनो। उनके नामों का अर्थ था वे व्यक्ति जिसके पास कुछ ख़ास शक्तियाँ समाहित थीं और भविष्य में वे शक्तियाँ उनकी हिफाज़त करती रहेंगी।

उत्तरी गोलार्ध के उन जंगलों में बसे सभी परिवारों के सारे घरों को इस तरह निर्माण किया गया था कि पूरे घर में दो ही दरवाज़े थे। एक दरवाज़ा पूरब दिशा यानी सूरज उगने की तरफ़ खुलता था तो दूसरा दरवाज़ा पश्चिम दिशा में जहाँ पर सूरज डूबता है। घर के अन्दर भी सारी महिलाएँ दक्षिण दिशा में रहती थीं और सारे पुरुष उत्तर दिशा में। एक दिन टेहनिनो काफ़ी बीमार हुआ लेकिन इस गोलार्ध में किसी को कुछ भी पता नहीं था कि बीमार क्या होता है और उसका असर क्या है। यहाँ तक कि टेहनिनो को किसी तरह की बीमारी

अन्दर ही अन्दर खायी हुई थी लेकिन किसी को यह भी पता नहीं चला था। जैसे ही समय बीता टेहनिनो कमज़ोर होता चला गया और एक दिन अचानक उसकी मृत्यु हो गयी। गाँववालों ने उसके शव को लकड़ी के एक सन्दूक में भरकर उसी के घर के छत पर लटकाकर रख दिया था जो उस समय की एक प्रसिद्ध प्रथा बनी हुई थी।

इस आकस्मिक मृत्यु के तुरन्त बाद ही लेकिन उसकी साथी, टेटुन नामक महिला गर्भवती नज़र आयी और गाँववाले बार-बार उसे पूछने लगे कि बच्ची का बाप कौन है। परन्तु उसने बताने से इनकार कर दिया था। किसी को कोई जवाब देना उसने ज़रूरी नहीं समझा। एक दिन टेटुन ने एक सुन्दर लड़की को जन्म दिया और नाम एइन्टसिक रखा गया जिसका अर्थ है उपजाऊ पृथ्वी।

बच्ची का स्वास्थ्य जन्म से ही बढ़िया था और जल्द ही तेज़ी से बढ़ने लगी। बच्ची के पालन-पोषण में माँ को कभी परेशानी नहीं हुई। लेकिन एक दिन अचानक वह इतनी रोयी कि किसी के द्वारा न सँभाली गयी हालाँकि पूरे गाँववालों ने उसे काफ़ी मनाने की कोशिश भी की। माँ ने अन्त में उसे छत पर ले जाकर सन्दूक के पास बैठने दिया तो तुरन्त उसका रोना बन्द हो गया। लम्बे समय के बाद माँ को राहत महसूस हुई, और फिर गाँववालों के साथ होकर उनके घरेलू व सामाजिक कामकाज में शामिल हो गयी।

फिर भी कई बार ऐसा होता रहा। गाँव के लोगों ने ध्यान दिया कि बच्ची सन्दूक के बगल में बैठकर बातें करती रहती है। कभी-कभी वे सब भी उनकी बातें सुन सकते थे, लेकिन किसी को बिल्कुल पता नहीं चला था कि वह किसके साथ बात कर रही थी। देखते ही देखते बच्ची एक जवान युवती में बदल गयी। एक दिन वह फिर से छत के ऊपर अपने पिता से मिलने के लिए गयी, और वापस आकर अपनी माँ से कहने लगी कि अब उसकी शादी होनी चाहिए। इकलौती बेटी की बात सुनकर माँ ने शादी की तैयारियाँ शुरू कर दीं। उसने मकई के चूरन में अनेक तरह के बेर जैसे फलों को मिलाकर ब्रेड बनायी। जैसे ही ब्रेड बनाकर पूरा हो गया, तो माँ ने फल-फूलों के साथ दूसरी सारी चीज़ें एक टोकरी में भरकर रख दीं।

दूसरे दिन एइन्टसिक रवाना हुई थार्नहियावाकोन गाँव के लिये। इस गाँव की विशेषता यह थी कि यह समस्त उत्तरी गोलार्ध की भूमि को ऊपर आसमान में पकड़कर रख सकता था। यह वही गाँव है जहाँ उसके पिता ने उसे जाने के लिए सुझाव दिया था। रास्ते में सब कुछ वैसा ही देखने को मिला था जैसा उसके पिता ने उसे वर्णन किया था।

गाँव पहुँचकर उसकी मुलाक़ात एक सुन्दर युवक से हुई और फिर एइन्टसिक ने उसे मकई और बेरों से भरी ब्रेड परोसी। युवक ने उसे सहर्ष स्वीकार

भी किया। फिर एइन्टसिक ने उसके साथ तीन रातें गुज़ारीं। इन दिनों के दौरान युवक ने कुछ बीमार-सा महसूस किया। रात को उसने एक सपना भी देखा जिससे वह काफ़ी डर गया था और एइन्टसिक को अपने घर में और ज़्यादा दिनों के लिए आश्रय देने में असहज महसूस करने लगा। उसने पूरे गाँववासियों को अपने रात के सपने के अर्थ को समझाने के लिए इकट्ठा किया। दूसरे दिन युवक एइन्टसिक को प्रकाश के वृक्ष के पास ले गया और उसने एइन्टसिक को इस वृक्ष को जड़ों से उखाड़ फेंकने के लिए कहा ताकि उसका शरीर ठीक हो जाय और जो गाँववासियों का एकमात्र सुझाव भी था। जैसा युवक ने कहा एइन्टसिक ने ठीक वैसा ही किया। उसने एक ही झटके में प्रकाश-वृक्ष को ज़मीन से उखाड़कर दूर फेंक दिया। उसके बाद युवक ने उसे नीचे के विशाल गड्ढे को देखने का सुझाव दिया। एइन्टसिक की भी उत्सुकता काफ़ी बढ़ गयी थी कि उस वृक्ष के जड़ों के नीचे क्या है। जैसे ही वह नीचे देखने के लिए झुकी, युवक ने उसे पीछे से नीचे गहराई की तरफ़ धकेल दिया। हैरानी की बात यह थी कि एइन्टसिक ने मदद के लिए हाथ बढ़ाये और स्ट्रॉबेरी, मकई और तम्बाकू की जड़ों को उखाड़कर अपनी उँगलियों के बीच में ले जाने में ही सक्षम हुई।

कुछ समय के लिए वह अँधेरे में नीचे की तरफ़ गिरती रही, लेकिन शीघ्र ही उसने नीचे पानी देखा जहाँ किनारे कई सारे जानवर एकसाथ खेल रहे थे। सबसे पहले एक शेर ने एइन्टसिक को नीचे की तरफ़ गिरते हुए देखा तो कछुए से पूछा कि क्या वह अपने खोल पर उसे उतार सकता है। कछुआ राज़ी हो गया। कई हंस और बत्तखें उससे मिलने के लिए उड़ गयीं और उसे अपने पंखों के सहारे सुरक्षित कछुए के खोल पर उतारा ताकि वह दूसरे जानवरों से भी मिल पाये। चूँकि जानवरों ने उसे सबसे पहले आसमान से गिरते हुए देखा तो इसलिये सबने मिलकर उसका नाम 'स्काईवुमन यानी आसमानी औरत' रख दिया।

तीन जानवरों ने पानी के स्रोत के नीचे फैले कीचड़ को लाने के लिए डुबकियाँ लगायीं लेकिन उनमें से दो असमर्थ रहे। फिर एक छछूँदर ने एक गहरी सांस भरी और लम्बे समय तक वह पानी के नीचे चलता रहा। लेकिन वह अपने छोटे से पंजे में मुट्ठी भर कीचड़ और मिट्टी लाने में कामियाब रहा। उसने कछुए की पीठ के खोल पर रख दिया। हर दिन एइन्टसिक कछुए के किनारे घूमती रही और उसने देखा कि हर बार जैसे ही वह कछुए के किनारे से होकर एक चक्कर लगाती है उसके खोल के ऊपर रखी कीचड़ की मात्रा बढ़ जाती है। देखते ही देखते कुछ ही दिनों के अन्दर वहाँ पर एक विशाल भूमि की सृष्टि हो गयी। एइन्टसिक द्वारा लायी गयी जड़ें भी बढ़ने लग गयी थीं जब उसको नीचे इस पृथ्वी की तरफ़ ढकेला गया था और जान बचाने के लिए तिनके के सहारे के रूप में उसने जिसे पकड़ने की कोशिश की थी। अब ये जड़ें पौधे बनकर लहलहाने लग गये थे। हर दिन घूम-फिरकर जब वह अपने विश्राम स्थल पर लौटती तो वहाँ उसके लिए मकई, फलियाँ, कद्दू, लौकी जैसे अगल-अलग तरह के स्क्वाश और साथ ही आग के अंगारे रखे हुए पाती। तब से अब तक मकई, फलियाँ और स्क्वाश, तीन बहनों के रूप में तथा आदिवासियों के पूर्तिदाता बनकर कानियेनकेहा मोह्वाक आदिवासियों में प्रसिद्ध हुए।

परियों की कहानी—रानी

(एल फ्रैंक बॉम द्वारा लिखित 'द बुक: अमेरिकन फेयरी टेल्स')

कहीं एक राजा की मृत्यु हुई, उनके जीवन का अन्त हुआ जैसा कि प्रकृति का यही एकमात्र नियम है, सत्य है। जो जन्म लेता है उसको एक न एक दिन अपने शरीर और इस धरती को छोड़कर जाना होता है। राजा की मौत किसी दुर्घटना, रोग या बुढ़ापे के कारण नहीं हुई। एक दिन अचानक उनको साँस की कमी महसूस हुई और तत्पश्चात सीधे अकाल मृत्यु की गोद में सो गये। लेकिन राजा ने इस पृथ्वी पर अपना जीवन बहुत ही असाधारण तरीक़े से व्यतीत किया था। उनकी प्रजा ने भी उन्हें थोड़ी सी भी असुविधा नहीं होने दी। दूसरी तरफ़, उनके पिता उन्हें एक भरपूर शाही ख़ज़ाना छोड़ गये थे, जिसमें पैसों के साथ-साथ गहने-ज़ेवरात प्रचुर मात्रा में थे। लेकिन इस मूर्ख राजा ने विरासत में मिली इन सम्पत्तियों को पल भर में बर्बाद कर दिया।

उन्होंने जब तक अपनी प्रजा पर कर लगाने की सोची तब तक उनमें से अधिकांश ग़रीबी की सीमा के नीचे जी रहे थे। इसके बाद उन्होंने महल की सभी पुरानी चीज़ों जैसे पुराने भव्य फ़र्नीचर, सोना-चाँदी की प्लेटें, रिश्वत में मिले तोहफ़े, महँगी टोपियाँ और साज-सामान, यहाँ तक कि अपनी ख़ुद की शाही अलमारी भी बेच डाली थी। अपने पास केवल एक पुराना, गन्दा, रगड़ा

हुआ और कीड़े लगे हुए बदबूदार अरमानी कोट को रखा ताकि अपने सूखे बदन को ढँक सके और सर्दियों के दिनों बदन में गरमाहट ला पाये। वैसे अगर आप पूछेंगे कि उन्होंने विरासत में मिले सारे धन-सम्पत्तियों का ख़र्च किस तरीक़े से किया तो हमें खेद है कि उनकी आलीशान ज़िन्दगी का विस्तृत विवरण हम आपको बताने में असमर्थ हैं। इसलिए उनके जीने के तरीक़ों के बारे में जानने का प्रयास न करे तो बेहतर होगा। हम सिर्फ़ आपको इतना बता सकते हैं कि लोग कहते हैं कि ये सारे नाजायज़ तरीक़े थे और ख़ुद के धन-सम्पत्तियों से छुटकारा पाने का एक शानदार शाही ढंग। यहाँ तक कि उन्होंने अपने शाही मुकुट में लगे सारे हीरे, मोती-जवाहरात भी निकालकर बेच खाये थे।

आख़िर में उनके पास साधनों की कमी हुई जो उनकी नाजायज़ इच्छाओं की पूर्ति को बरकरार रख पाये। वे स्वयं अपने माथे के ताज को नहीं बेच सकते थे क्योंकि किसी दूसरे व्यक्ति को उसे पहनने का अधिकार नहीं था। न ही वे अपने शाही महल को बेच सकते थे क्योंकि केवल राजा को ही वहाँ रहने का अधिकार था। आख़िरकार उन्होंने एक वीरान महल में अपने आप को बन्द किया जहाँ केवल सोने के लिए एक महोगनी लकड़ी से बना पलँग और साथ ही एक लकड़ी की साधारण-सी कुर्सी थी जिसमें वे अपने जूते के फ़ीते और अपनी उस बदबूदार अरमानी कोट की रस्सी को खींचने के लिए बैठते थे। शाही वित्त-मन्त्री तथा काउंसलर ने राजा की दैनिक आवश्यकताओं तथा

ख़र्च की मात्रा पर रोक लगा दी थी कि वे कभी-कभार ही शाही ख़ज़ाने में से उधार माँग सकते हैं और वह भी सिर्फ़ एक हैम-सैंडविच के समान की धनराशि। वास्तव में शाही वित्त-मन्त्री तथा काउंसलर के पास भी ख़ज़ाने की कमी थी। यह वही इनसान है जिन्होंने राजा को ऐसे बेहूदे सुझाव दिये थे कि देश के साथ-साथ राजा की यह अवस्था हुई। उसने मानो अपने ही पैरों पर कुल्हाड़ी मारी हो। आख़िरकार राजा के लिए जीने का कोई मक़सद बचा नहीं था। उनकी अचानक मृत्यु हुई और जाते समय विरासत में वे एक विशृंखल देश के साथ-साथ एक दस साल का बेटा, वही फटी-पुरानी अरमानी कोट और हीरे-मोती निकाले हुए सिर्फ़ एक राज-मुकुट छोड़ गये थे।

किसी ने भी उस अनाथ राजकुमार से ईर्ष्या नहीं की जो एक अनिश्चतता-भरा जीवन जी रहा था कि वह ख़ुद राजा बन पायेगा या नहीं। बाद में उसे देश के एक महत्त्वपूर्ण व्यक्ति के रूप में सम्मानित किया गया और तुरन्त ही कुछ राजनेता ने वित्तमन्त्री तथा काउंसलर के संग मिलकर एक बैठक का आयोजन किया ताकि यह निर्धारित किया जा सके कि इस छोटे राजकुमार की मदद किस तरीक़े से की जाये। इन्हीं परामर्शदाताओं ने बूढ़े राजा को ज़िन्दगी के अच्छे दिनों में राजकाज सम्भालने के परामर्श दिये थे। चूँकि वे सब अब ग़रीब बन चुके हैं लेकिन मेहनत करने में अपमान महसूस करते हैं, सबने मिलकर एक बैठक बुलायी, ऐसी एक योजना बनायी जिससे कि छोटे राजा के शाही ख़ज़ाने में एक मोटी रक़म ज़मा हो और साथ ही साथ, इससे उन सबकी भी भलाई हो। यानी, सबके हाथों में दो-चार पैसों की आमदनी हो जाये। बैठक समाप्त होने के बाद मुख्य परामर्शदाता छोटे राजा के पासे आये जो आँगन में लट्टू खेल रहा था और कहा, "महामहिम, हम सबने आपके देश की भव्यता और चहल-पहल को पुनः स्थापित करने हेतु एक नया तरीक़ा सोचा है।"

"ठीक है," लापरवाही से महामहिम को छोटे राजा ने जवाब दिया और पूछा, "तुम वह कैसे करोगे ?"

"आपकी शादी एक अमीर औरत से कराके।" शाही काउंसलर ने जवाब दिया।

"मुझसे शादी कराके, क्यों? लेकिन मैं तो सिर्फ़ दस साल का हूँ।" छोटे राजा ने रोते हुए कहा।

"मुझे पता है और मुझे इसका अफ़सोस भी है। लेकिन महामहिम, आप थोड़े दिनों में बड़े हो जायेंगे और शाही-रिवायत और वर्तमान अर्थ-तन्त्र की यही माँग है कि आपकी शादी जल्द से जल्द किसी रानी से हो।"

"इसके बदले, मैं किसी माँ से शादी नहीं कर सकता?"

उस छोटे राजा ने बड़े अर्थ पूर्णता से सवाल किया जिसने अपनी माँ को बचपन में ही खो दिया था।

"निश्चित रूप से नहीं, क्योंकि यह अवैध और ग़ैरक़ानूनी कार्य होगा," शाही काउंसलर ने जवाब दिया। "वर्तमान परिस्थिति में किसी एक रानी से शादी करना ही सही और उचित कार्य होगा।"

"क्या आप उस रानी से शादी नहीं कर सकते ?"

शाही परामर्शदाता के पैर के अँगूठे को लट्टू का निशाना बनाकर छोटे राजा ने विषयवस्तु की गंभीरता को जांचने की कोशिश की और जब परामर्शदाता को लट्टू के आक्रमण से बचने के लिए छलांग लगाते हुए देखा तो वह ज़ोर से हंस पड़ा।

"मुझे समझाने का मौक़ा दीजिए।" एक दूसरे परामर्शदाता ने कहा।

“आपके हाथ में एक फूटी कौड़ी भी नहीं है लेकिन आप एक स्वतन्त्र साम्राज्य के अधिकारी हैं। बहुत सारी ऐसी अमीर औरतें हैं जो इस साम्राज्य की महारानी बनने के विनिमय में ख़ुशी से अपनी सारी धन-सम्पत्ति न्योछावर करने के लिए तैयार होंगी। यहाँ तक कि राजा एक बालक ही क्यों न हो। इसलिए हम सबने मिलकर यह फ़ैसला किया है कि हम एक विज्ञापन प्रचारित करेंगे कि जो सबसे अधिक बोली लगायेगी वही क्वोक साम्राज्य की महारानी बनेंगी।”

“अगर मुझे सच्ची में शादी करना है तो,” छोटे राजा ने थोड़े विचार के बाद कहा, “मैं शाही-हथियारदार की बेटी न्याना से शादी करना चाहूँगा।”

“वह बहुत ग़रीब है,” शाही काउंसलर ने जवाब दिया।

“उसके दाँत मोतियों के हैं, आँखें नीलम की और उसके बाल सोने के हैं।” छोटे राजा ने ऊँची आवाज़ में कहा।

“महामहिम की बातें सच हैं, लेकिन ध्यान रखें कि आपकी रानी की सम्पत्तियों का देशभर के कामों में भरपूर इस्तेमाल होना चाहिए। जब आप उसकी नीलमयुक्त आँखें और मोतीयुक्त दाँत और सोने जैसे बालों को उखाड़ के लायेंगे तो न्याना कैसी दीखेगी ? वह एक भूत बन जायेगी और रात को आपको सोने नहीं देगी, लगातार डराती रहेगी।”

छोटा राजा थरथर काँपने लगा।

“ठीक हैं, आपलोग जो समझें।” उन्होंने निराश होकर कहा। “लेकिन ध्यान रखें कि वे एक सुन्दर और खेल-कूद में माहिर औरत हो।”

"सब इन बातों का ख़ास ख़याल रखा जायेगा।" मुख्य परामर्शदाता के साथ सारे राजनेतागण छोटे राजा के लिए एक रानी की खोज के समाचार विज्ञापन को दूर-पड़ोस के देशों में फैलाने लौट चले।

छोटे राजा से शादी कर विशेषाधिकार प्राप्त करने के उद्देश्य से अर्ज़ी डालनेवाले आवेदकों की संख्या लगातार बढ़ती गयी जहाँ छोटे राजा की नीलामी कर शाही ख़ज़ाने में सबसे बड़ी धनराशि एकत्रित करने का फ़ैसला लिया गया था। इसलिए निर्धारित तारीख़ को आस-पड़ोस के देशों जैसे बिलकॉन, मुल्ग्रेविया, जंकम और यहाँ तक कि मैकवेल्ट के स्वतन्त्र साम्राज्यों से भी अनेक औरतें आकर छोटे राजा के महल में इकट्ठा हुईं। मुख्य परामर्शदाता सुबह-सुबह राजा के महल में आकर उनके चेहरे को पानी से धोया और बालों में कंघी की। फिर उसने कुछ पुराने अख़बार लेकर राजमुकुट के अन्दर घुसाकर अपने महामहिम के सिर में फिट हो, पहनाने के हिसाब से उपयुक्त किया। यह एक शोकजनक ताज था, जिसमें कई छोटे और बड़े छेद थे। जहाँ हीरे-मतियों के बदले मकड़ियों ने अपना घर बना लिया था। जिसको कई वर्षों तक नज़रअन्दाज़ किया गया जब तक इधर-उधर गिरकर उसका असली रंग फीका न पड़ गया हो। फिर भी, जैसा कि परामर्शदाता ने कहा कि यह राजा का ताज था और उसकी नीलामी के अवसर पर इसे ज़रूर पहन के रहना चाहिए।

सारे लड़कों की तरह, चाहे राजा हो या प्रजा, हमेशा अपने आपको आकर्षणीय बनाकर प्रस्तुत करना चाहता है। राजा के परामर्शदाता ने सोचा कि चूँकि नये कपड़े ख़रीदने के लिए कोई पैसा नहीं था, इसलिये पुराने फटे विरासत में मिली अरमानी कोट को ही सिलकर ठीक किया जाये जो आकार में भी काफ़ी बड़ा था। छोटे राजा को महल के मुख्य कक्ष के भीतर एक ऊँची कुर्सी के ऊपर बिठाया जाये ताकि अरमानी कोट के ज़रिये उसको ढँका जा सके और लोगों को राजसी सत्वा का भी कुछ आभास झूठे ही सही पर प्रस्तुत कर पाये। छोटे

राजा के इर्द-गिर्द खड़े हो गये सारे राजनेता, मन्त्रीगण, राजदरबारी, परामर्शदाता जो अत्यन्त आलसी और निकम्मे थे और जिन्हें असली ज़िन्देगी में शाही काम-काज से कोई मतलब नहीं था सिवाय अपने स्वार्थ के। आज उनकी संख्या कुछ ज़्यादा ही थी और आप निश्चित रूप से समझ गये होंगे कि उनकी इस मौजूदगी ने माहौल को कितना शानदार बना दिया है।

जैसे ही दर्शकों के अपेक्षागृह के दरवाज़े खुले तो क्वोक की महारानी बनने की ख़्वाहिश रखने वाली अनेक धनी औरतें अन्दर आ गयीं। राजा ने उन्हें बहुत घबराहट के साथ देखा, और सोचा कि वे सभी बहुत ही बूढ़ी हो चुकी हैं और केवल उनकी दादी बनने के लिए उपयुक्त हैं। साथ ही वे इतनी बदसूरत शक्लेंवाली हैं कि अगर उन्हें शाही खेतों में बिजूखा के रूप में रखेंगे तो डर के मारे सारे कौए भाग जायेंगे। उसके बाद उन औरतों में छोटे राजा की कोई दिलचस्पी नहीं रही। दूसरी तरफ़ अमीर औरतों ने लम्बी कुरसी पर बैठे छोटे राजा की तरफ़ एक बार भी नहीं देखा और सीधे मुख्य शाही परामर्शदाता के पास पहुँच गयीं जो नीलामकर्ता के रूप में खड़े थे।

"क्वोक की महारानी की ताज तथा राज्याभिषेक के लिए मुझे कितनी पेशकश की गयी है?" तेज़ आवाज़ में शाही परामर्शदाता ने पूछा।

“कहाँ है शाही मुकुट?” एक ऊधम मचाती बूढ़ी औरत ने पूछताछ की, जिसने अभी हाल ही में अपने नौवें पति को दफ़नाया था और अभी करोड़ों की मालकिन बन गयी हैं।

“अभी इस समय कोई शाही मुकुट नहीं है।” शाही परामर्शदाता ने जवाब दिया। “लेकिन जो कोई सबसे अधिक बोली लगायेगी उसे ही शाही मुकुट पहनने का अधिकार मिलेगा और फिर वह इसे ख़रीद भी सकता है।”

“आह,” बातूनी बुढ़िया ने हलचल मचाते हुए कहा, “मैं देखती हूँ।” फिर उनसे कहा, “मैं चौदह डॉलर की बोली लगाऊँगी।”

"चौदह हज़ार डॉलर!" एक भद्दा दिखने वाली औरत दंग रह/अवाक् बन गयी, जो थोड़ी पतली और लम्बी थी और जिसकी पूरी त्वचा पर झुर्रियाँ पड़ी हुई थीं—“एक सूखे सेब की तरह।”—राजा ने सोचा। धीरे-धीरे बोलियाँ तेज़ और द्रुतगामी होती गयीं, और जैसे ही बोली की रक़म/राशि लाखों में बढ़ने लगी तो ग़रीबी से त्रस्त दरबारियों की आँखों की चमक सौ गुणा ज़्यादा बढ़ गयी।

“ऐसा लगता है मानो छोटे राजा हम सबकी तक़दीर बदल देगा। सच्ची में हमें सौभाग्यशाली बनायेगा।” एक दरबारी ने अपने साथी को फुसफुसाकर कहा, “और फिर हम उसे अपनी इच्छानुसार ख़र्च कर मज़ा लूटेंगे।”

छोटे राजा चिन्तित होने लगे। सभी महिलाएँ जो हर तरह से दयालु या ख़ुश दिखती थीं, उन्होंने बोली लगाना बन्द कर दिया चूँकि उनके पास पैसों की कमी हो गयी। लेकिन दूसरी तरफ़, वही प्राचीन काल की झुर्रियोंवाली बुढ़िया किसी भी कीमत पर शाही मुकुट के साथ-साथ छोटे राजा को पति के रूप में हासिल करने पर तुली हुई थी।

बोलियों के आख़िरी चरण में, प्राचीन काल की प्राणी, झुर्रियोंवाली बुढ़िया इतना उत्साहित होकर उछल पड़ती हैं कि अचानक उसकी विग सिर में से निकलकर लटकने लग जाती है और उसके नकली दाँत भी बाहर की तरफ़ छलाँग लगाकर निकल आते हैं, जिससे छोटे राजा डर के मारे अपना मुँह अरमानी कोट में छुपा लेते हैं। वह हार माननेवाली औरतों में से बिल्कुल नहीं थीं।

अन्त में मुख्य काउंसलर ने रोते हुए नीलामी की समाप्ति घोषित की "तीन मिलियन, नौ सौ हज़ार, छः सौ और चौबीस डॉलर और सोलह सेंट में छोटे राजा की नीलामी मैरी एन ब्रोड्जिन्स्की डे ला प्रोकस को की गयी !" और प्राचीन काल की झुर्रियोंवाली बुढ़िया ने एन मौक़े पर नक़द पैसों का भुगतान किया, जिससे यह साबित होता है कि यह एक परी कथा है। राजा इस ख़याल से इतना व्याकुल हो गया कि उसे इस घृणित प्राणी से विवाह करना होगा तो वे रोने लगे और बुढ़िया ने तुरन्त ज़ोर से उसके कान खींच दिये ताकि वे चुप हो जाये। लेकिन काउंसलर ने अपने भावी पति को सार्वजनिक स्थान पर दंडित करने के लिए उसे फटकारते हुए कहा, "आपने अभी तक इनसे शादी नहीं की है। शादी होने तक कृपया प्रतीक्षा करें और उसके बाद जितनी मर्ज़ी सज़ा दे सकती हैं। अब हम लोगों को यही आश्वासन दिलाने की कोशिश कर रहे हैं कि यह एक प्रेमविवाह है इसलिए सबकी भलाई इसी में है कि आप अपने व्यवहारों पर क़ाबू करें।"

उस रात छोटे राजा बिल्कुल ही सो नहीं पाये। अपनी भावी पत्नी के आतंक से भयभीत होकर काँपने गये लेकिन दिलो-दिमाग़ से यह बात नहीं निकाल पाये कि वे शाही हथियारदार की बेटी न्याना से शादी करना चाहता है जो उनके हमउम्रवाली है। पूरी रात वे अपने शाही पलग पर लगभग सौ बार करवटें बदलता रहा और जब खिड़की पर चाँदनी की चमक दिखाई दी तो उसकी घबराहट थोड़ी-सी कम हुई। अचानक उनके हाथ शाही पलंग की अगली पीठ के निचले हिस्से में रखे किसी एक गुप्त तार की स्प्रिंग

(किवाड़/तख़्ता) में लगे और एक ही बार में, एक तेज़ क्लिक के साथ, तख़्ते का एक पैनल/ हिस्सा खुल गया।

खुले तख़्ते के पैनल को देखकर राजा चुपचाप अपने पैरों के बल खड़े हो गये और साथ ही हाथ आगे बढ़ाकर एक मुड़ा हुआ काग़ज़ बाहर निकाल लाये जिसमें कई पन्ने पुस्तक की तरह एक साथ बँधे हुए थे, और पहले पन्ने पर लिखा था:

जब राजा हो मुश्किल में, इन पन्नों को करें दुगना बीचोबीच फाड़ के फिर लगा दें आग तुरन्त टुकड़ों में, हो जाये उनकी इच्छा पूर्ति पल भर में।

कविता इतनी अच्छी तो नहीं थी, लेकिन जब राजा ने इसे चाँदनी की चमक में पढ़ी तो अपने में कुछ ऊर्जा महसूस की। "इसमें कोई सन्देह नहीं कि मेरी मुसीबत की घड़ी चल रही है," उन्होंने कहा; "तो इसे एक ही बार में जलाकर देखता हूँ कि क्या होता है।" छोटे-छोटे काग़ज़ों को इकट्ठा कर उसमें आग लगा कर पलँग के एक कोने में बैठकर बेसब्री से आग की लहर को देखता रहा। थोड़े समय बाद आग बुझी और कमरे के धुआँ ख़त्म हुआ। तो अचानक एक गोल-मटोल बौने को राखों के बीचोबीच देखा तो छोटे राजा आश्चर्यचकित रह गये। बौना अपने पैरों को मोड़े हुए, एक काले हुक़्क़े से गुड़गुड़ आवाज़ कर धुआँ उड़ाता हुआ शान्तिपूर्वक छोटे राजा की तरफ़ मुँह कर बैठा हुआ था।

"तो मैं यहाँ हूँ।" बोने ने कहा।

"वह तो ठीक है, लेकिन आप यहाँ कैसे पहुँचे ?" छोटे राजा ने सवाल किया।

"क्या तुमने काग़ज़ नहीं जलाये थे ?" बौने ने सवाल के माध्यम से जवाब दिया।

"हाँ, मैंने किया।" राजा ने स्वीकारा।

"चूँकि आप मुसीबत में हैं और मैं आपकी मदद करने आया हूँ। मैं शाही पलँग का ग़ुलाम हूँ। "

"ओह, मुझे इसके बारे में पहले कुछ भी पता नहीं था।" राजा ने कहा।

"आपके पिताजी को भी इसकी भनक तक नहीं थी। नहीं तो शायद ही वे पैसों के लिए अपनी सारी सम्पत्तियों का खातमा/विनाश इस तरह करते। लेकिन आप बड़े भाग्यशाली निकले कि उन्होंने यह शाही पलँग किसी को नहीं बेचा तो बताइये, अब आपको क्या चाहिए ?" बोने ने पूछा।

"मुझे बिल्कुल भी कोई अन्दाज़ा नहीं कि मुझे क्या माँगना चाहिए लेकिन यह अवश्य बता सकता हूँ कि मुझे क्या नहीं चाहिए। वह बूढ़ी औरत जो मुझसे शादी करना चाहती है।" राजा ने कहा।

"यह काफ़ी आसान है," शाही पलँग के ग़ुलाम ने कहा। "आपको बस इतना करना है कि उसको अपने पैसे वापस करें जो उसने मुख्य काउंसलर को भुगतान के रूप में दिया है। साथ ही आप यह घोषित करें कि यह नीलामी बन्द कर दी गयी है। डरिये मत। आप राजा हैं, और राजा का वचन क़ानून होता है।"

"बिल्कुल सही कहा आपने लेकिन मुझे पैसों की बहुत ज़रूरत है। अगर मेरे काउंसलर मैरी एन ब्रोड्जिंस्की को उनके करोड़ों रुपयों को लौटाते हैं तो मैं कैसे जीवित रहूँगा?"

“ओफ़्फेह, यह तो काफ़ी आसान काम है।” फिर से बौने ने जवाब दिया और अपनी जेब में हाथ डालकर उसने एक पुरानी चमड़े की पोटली बाहर निकाली और छोटे राजा की तरफ़ फेंक दी। “उसे हमेशा अपने पास रखना।” उसने कहा, “और तुम हमेशा अमीर रहोगे, क्योंकि तुम अपनी इच्छानुसार पोटली में से एक समय पर पच्चीस पैसों के चाँदी के सिक्के जितने चाहते हो निकाल सकते हो। जैसे ही एक सिक्का निकालकर लाते हो एक दूसरा सिक्का पोटली के अन्दर ख़ुद-ब-ख़ुद जमा हो जायेगा।”

“धन्यवाद और आपका बहुत-बहुत आभार।” राजा ने कहा, “आपने मेरा एक उपकार किया है। आज से मेरे पास मेरी सभी ज़रूरतों के लिए आवश्यक पैसे होंगे और कोई मुझे किसी से शादी करने के लिए बाध्य नहीं कर पायेगा। आपको कोटि-कोटि प्रणाम।”

“धन्यवाद की कोई ज़रूरत नहीं।” हुक़्क़े से मुँह हटाकर धीरे-धीरे उड़ते धुएँ की ओर नज़र गाढ़े बोने ने कहा। चाँदनी में। बस यही तुम चाहते हो या और कुछ इच्छाएँ अभी भी बाक़ी हैं ?” बौने ने फिर सवाल किया।

“फ़िलहाल तो यही सोच पा रहा हूँ।”

“ठीक है, तो अभी शाही पलँग के तख़्ते पैनल/ हिस्से को बन्द कर दो।” बौने ने कहा, “पुस्तक के दूसरे पन्नों को किसी दूसरे समय के लिए इस्तेमाल कर सकते हो।”

लड़के ने बिस्तर पर खड़े होकर पलँग के तख़्ते को बन्द किया ताकि किसी दूसरे को इसके बारे में पता न चले। जैसे ही वे बोने की तरफ़ मुड़े शाही पलंग का शाही ग़ुलाम वहाँ से ग़ायब हो चुके थे।

“मुझे पता था कि ऐसा ही होनेवाला था।” छोटे राजा ने खेद के साथ कहा। “लेकिन जाने से पहले कम से कम वह अलविदा तो कहकर जाते।”

चैन की साँस लेकर छोटे राजा ने अपने तकिये के नीचे चमड़े की पोटली रखी और राहत भरे भाव के साथ अपने शरीर को बिस्तर पर लिटा दिया। तुरन्त ही गहरी नींद की आगोश में खो गये। सुबह जब सूरज उगा तो राजसी छोटे राजा भी तरोताज़ा होकर उठे। सबसे पहले उन्होंने मुख्य परामर्शदाता के लिए सन्देश भेजा।

ऐसे बुलावे से वे नाख़ुश लग रहे थे लेकिन छोटे राजा ने उसको नज़रअन्दाज़ किया क्योंकि अब उसे अपने भाग्य पर पूरा विश्वास हो चला था। उन्होंने कहा, “मैंने किसी से भी शादी न करने का फ़ैसला किया है, क्योंकि अभी मैं अपने भाग्य को आजमाना चाहता हूँ और मुझे एक निजी भाग्य-ख़ज़ाने की प्राप्ति हुई है। इसलिए तुम्हें उस बूढ़ी औरत के सारे पैसे वापस करने का आदेश देता हूँ जो उसने क्वोक की रानी की शाही मुकुट पहनने के अधिकार के लिए अदा की थी। साथ ही देश भर में यह भी सार्वजनिक रूप से घोषणा कर दो कि यह शादी नहीं हो रही।”

यह सुनकर शाही काउंसलर यानी परामर्शदाता काँपने लगा। उसने देखा कि छोटे राजा ने राजकाज सम्भालने के लिए ख़ुद निर्णय लेना उचित समझा और उसे अपने आप को बहुत दोषी लग रहा था।

“ख़ैर, अब क्या बात है?” छोटे राजा ने पूछा।

“महामहिम,” काउंसलर/परामर्शदाता ने उत्तर दिया। एक थरथराहट भरी आवाज़ में फिर कहा, “मैं औरत को उसके पैसे वापस नहीं कर सकता, क्योंकि मैंने उसे खो दिया है।”

"क्या मतलब कि खो दिया।" गुस्से से भड़कते हुए राजा ने सवाल किया।

"मैं सच कह रहा हूँ महामहिम।" परामर्शदाता ने कहा। "कल रात को नीलामी के बाद घर लौटते समय मैं अपने गले की खराश के लिए कुछ लोज़ेन्ज लेने के लिए दवा की दुकान पर रुका। महामहिम को यह अवश्य स्वीकार करना पड़ेगा कि औरतों को बड़ी से बड़ी रक़म बोली लगाने, प्रोत्साहित करने हेतु कितना चिल्लाना पड़ रहा था। दवाईघर के अन्दर जाते समय मैंने लापरवाही से अनजाने ही में पैसों का बैग वहीं गाड़ी की सीट पर ही छोड़ दिया और वापस आकर देखा कि बैग वहाँ से ग़ायब था और तब तक डाकू भी वहाँ से काफ़ी दूर भाग चुका था।

"क्या आपने पुलिस से सम्पर्क किया?" राजा ने पूछा।

"हाँ, मैंने सम्पर्क किया, लेकिन वे सभी अगले ब्लॉक पर थे। हालाँकि उन्होंने डाकू को खोजने का वादा तो किया है लेकिन मुझे उम्मीद नहीं है कि वे उसे कभी पूरा कर पायेंगे।"

राजा ने आहें भरीं और पूछा, "अब हम क्या करेंगे?"

"मुझे डर है कि आपको मैरी एन ब्रोड्जिंस्की से शादी करनी चाहिए।" शाही परामर्शदाता ने जवाब दिया। अन्यथा, "आप शाही जल्लाद से कहकर उसका सिर कलम करा सकते हैं।"

"यह ग़लत होगा।" राजा ने कहा। "उस औरत को बिल्कुल नुक़सान नहीं पहुँचना चाहिए। और बात सिर्फ़ इतनी है कि हमें उसके पैसे लौटाने हैं लेकिन मैं किसी भी क़ीमत पर उससे शादी नहीं करूँगा।"

“क्या आपके उस निजी भाग्य-ख़ज़ाने से उसके पैसे चुका सकते हैं, जिसका आपने ज़िक्र किया था?” काउंसलर से पूछा?

“क्यों, हाँ,” सोच-समझकर राजा ने कहा। “लेकिन इसे करने में थोड़ा समय लगेगा, और वह तुम्हारे दायित्व में सम्पन्न होगा। कृपया यहाँ महिला को बुलाओ।”

फिर काउंसलर मैरी एन की तलाश में निकला, जैसे ही उसने सुना कि वह महारानी नहीं बन सकती अब, लेकिन उसके पैसे वापस किये जायेंगे, एक हिंसक रूप धारण कर उसने मुख्य काउंसलर के कानों में इतने ज़ोर से थप्पड मारे कि वह लगभग कई घंटों तक लड़खड़ाता रहा। फिर उसने राजा के दर्शक कक्ष तक चुपचाप उसका पीछा किया जहाँ उसने काफ़ी ऊँची आवाज़ में अपने पैसों की माँग पूरी एक रात की सूद समेत की।

छोटे राजा ने कहा कि हालाँकि मुख्य काउंसलर ने उसके पैसे खो दिये है, लेकिन वह अपने निजी ख़ज़ाने में से हर पैसे का भुगतान करेगा।

“मुझे डर है कि आप इस रक़म को छोटे सिक्कों में लेना पसन्द करेंगी या नहीं।” राजा ने कहा।

“इससे कोई फ़र्क़ नहीं पड़ेगा,” काउंसलर पर चिल्लाते हुए उसने कहा, मानो वह फिर से काउंसलर के कानों तक पहुँचने के लिए तरस रही हो। “मुझे कोई परवाह नहीं है कि सिक्का कितना छोटा है। जब तक मुझे हर एक पैसा ब्याज समेत मिल जाता है, मैं ख़ुश हूँ। कहाँ है मेरा पैसा ?”

“यहाँ,” राजा ने जवाब दिया। अपनी चमड़े की पोटली मुख्य काउंसलर को सौंपते हुए कहा, “सिक्के सारे के सारे चाँदी में होंगे और एक बार में एक ही

सिक्का निकाल सकते हैं। लेकिन विश्वास करें कि आपकी माँगों का भुगतान करने और बचत के लिए भी काफ़ी सिक्के हैं अन्दर।"

कक्ष के भीतर कोई कुर्सियाँ नहीं होने के कारण काउंसलर फ़र्श पर ही बैठ गया और एक-एक करके चाँदी के सिक्के गिनने लगा। उसके ठीक विपरीत बूढ़ी औरत भी ज़मीन पर बैठ गयी और काउंसलर से लेकर ख़ुद अपने हाथों से अपने बैग में डाल रही थी। तीन लाख, नौ सौ हज़ार, छह सौ चौबीस डॉलर और सोलह सेंट, सच्ची में एक बड़ी राशि थी।

छोटे राजा उन्हें वहीं छोड़कर स्कूल चले गए। अक्सर वे काउंसलर के पास आते हैं और काफ़ी देर तक उनके साथ सलाह-मशवरा करके चमड़े की पोटली में से उचित मात्रा में धन एकत्रित करता है ताकि देश को यथोचित और शानदार तरीके से चला पाये। जब छोटे राजा ऐसे कभी-कभी अचानक पधारते हैं तो शाही काउंसलर की गिनती में गड़बड़ी हो जाती है और रुक जाती है। चूँकि गिनती एक लम्बे अर्से का काम होता है और वैसे भी इससे शासन में ज्यादा फ़र्क़ नहीं पड़ता था क्योंकि काउंसलर की सलाह अब कोई लेना नहीं चाहता था।

देखते-देखते छोटे राजा ने जवानी की दहलीज़ पर क़दम रखा और थोड़े दिनों बाद शाही हथियारदार की बेटी न्याना से शादी कर ली। अभी उनके दो बेहद ख़ूबसूरत बच्चे भी हो गये। अब भी वे सब मिलकर शाही महल के उस जनता के अपेक्षागृह में जाते हैं और अपने बच्चों को छोड़ देते हैं कि किस तरह बूढ़े काउंसलर शाही अध्यक्ष के अन्दाज़ में चाँदी के पच्चीस सेंट की एक एक रक़म चमड़ी की पोटली में से निकालकर झूर्रिया निकली हुई बूढ़िया को दे रहा है जो अपने सन्देह के कारण वहाँ से क्षण भर के लिए भी नहीं हटी हो। उसकी हर हरकत पर नज़र रख रही है कि कहीं वह धोखा न दे।

सच्ची में काफ़ी बड़ी रक़म है—तीन लाख, नौ सौ हज़ार, छह सौ चौबीस डॉलर और सोलह सेंट। आप यूँ कह सकते हैं कि शाही काउंसलर को बूढ़ी औरत के पैसों की देखभाल करने के लिए ऐसे दंडित किया गया था और साथ ही मैरी एन ब्रोड्ंजिस्की डे ला पोर्कस को भी पैसों के बल पर दस साल के छोटे राजा से शादी कर क्वैक की महारानी बनने की साज़िश के लिए भी दंडित किया गया था।

गीतों की भेंट

(अलास्का, उत्तरी अमेरिका की कथा)

एक समय ऐसा था जब मनुष्यों को ख़ुशी के बारे में कोई ज्ञान नहीं था। उनका पूरा जीवन दैनिक काम-काज, भोजन, पाचन, आराम और रातों की नींद में ही व्यस्त रहता था। हर एक दिन दूसरे सामान्य दिनों की तरह ही बीतता रहता था। किसी के भी जीवन में कुछ भी आश्चर्यजनक घटना नहीं घटी थी। दिनभर सारे लोग कठिन परिश्रम करते थे और शाम को फिर वे सो जाते थे। सुबह जब उनकी आँखें खुलतीं तो फिर सोने तक काम ही करते रहते थे। मानो ज़िन्दगी में सिर्फ़ सोने के लिए जागते रहे और प्रत्युत जागने के लिए ही सोते रहे। एकरसता ने उनके दिमाग़ में ज़ंग लगा दी थी।

इन्हीं दिनों एक आदमी अपनी पत्नी के साथ समुद्र के तट पर दूसरे मनुष्यों से कुछ अलग अकेले निवास करता था। उनके तीन बेटे थे, सभी अत्यन्त उत्साही और उत्सुक बालक थे और अपने पिता की तरह क़ाबिल शिकारी बनने की इच्छा रखते थे। यहाँ तक कि जवानी के होश व जोश सम्पूर्णतः आने से पहले ही उन्होंने सभी प्रकार की गतिविधियों में अपने आप को मज़बूत बनाकर उनमें प्रौढ़ता प्राप्त कर ली थी। अत्यन्त सहिष्णुशील भी बन गये थे। उनके माता-पिता ने काफ़ी गर्व और सुरक्षित महसूस किया कि

उनके बुढ़ापे में ये तीनों लड़के उनकी अच्छे तरीक़े से देखभाल करेंगे, उनके लिए खाना व शिकार ढूँढ कर लायेंगें, जब वे अपने आप बाहर निकलने में व शिकार करने में असमर्थ होंगे।

लेकिन ऐसा अजब हुआ कि एक दिन सबसे बड़ा बेटा, और उसके थोड़े दिनों बाद, दूसरा बेटा शिकार के लिए निकल गये लेकिन फिर कभी वापस नहीं आये। उन्होंने पीछे ऐसा कोई निशान भी नहीं छोड़ा था ताकि उनको खोजा जा सके। आख़िर सारे खोज व्यर्थ गये। माता-पिता को अपने दोनों जवान बेटों के ग़ायब होने पर गहरा दिल का दौरा पड़ा। अब अपने सबसे कम उम्र के लड़के को बड़ी चिन्ताजनक दृष्टि से देखने लगे, जो इस समय

बड़े होकर अपने पिता के साथ शिकार पर जाने योग्य हो गया था। वैसे बेटे एर्मिन को, जिसे टेरीक नाम से भी बुलाया जाता था, कैरिबू हिरनों के पीछे भागना बहुत पसन्द था। जैसा कि शिकारी अपने सभी साथियों को ज़मीन पर अलग-अलग जगहों पर जाने की अनुमति नहीं दे सकता है, ठीक उसी तरह जब पिता अपनी कश्ती में समुद्र की ओर शिकार के लिए जाता था तो एर्मिन को एक ही जगह रहकर उनके वापस आने की अपेक्षा करने का ही उपदेश देते थे। जब उसके पिता समुद्री जीवों का शिकार करने जाते थे तब एर्मिन कैरिबुओं के पीछे-पीछे भागते रहते थे।

एक दिन, जब पिताजी समुद्र की ओर शिकार के लिए गए तो एर्मिन हमेशा की तरह कैरिबो हिरनों के पीछे भागता हुआ चक्कर खा रहा था कि अचानक उसकी नज़र एक शक्तिशाली गरुड़ पक्षी पर पड़ी जो उसके ऊपर चक्कर लगा रहा था। जैसे ही एर्मिन ने अपना तीर निकाला गरुड़ तुरन्त नीचे की तरफ़ आया और उससे थोड़ी दूरी पर ज़मीन पर आकर बैठ गया। उसके बाद उसने अपने सिर से एक कानटोपी निकाली और पलक झपकते ही वह एक सुन्दर युवक में परिवर्तित हो गया। फिर उसने कहा, “मैं वही हूँ जिसने तुम्हारे दोनों भाइयों को मार डाला था। मैं तुम्हें भी मार डालूँगा अगर तुम मुझसे यह वादा न करो कि घर पहुँचकर एक भव्य संगीत-महोत्सव का आयोजन करोगे। तुम करोगे न?”

"ज़रूर, लेकिन मैं यह नहीं समझ रहा हूँ कि आप कहना क्या चाहते हैं। यह संगीत क्या है? महोत्सव का क्या मतलब है?”

"क्या तुम करोगे या नहीं?"

"ख़ुशी से, लेकिन मुझे नहीं पता कि यह क्या चीज़ है।"

"यदि तुम मेरा अनुसरण करोगे तो मेरी माँ तुम्हें वह सारी बातें सिखा देंगी जो तुम्हें नहीं पता है। तुम्हारे दोनों भाइयों ने मेरे गीतों के उपहार का तिरस्कार किया था और आनन्दोत्सव का विरोध किया था। वे कदापि सीखने के लिए राज़ी नहीं हुए, इसलिए मैंने उन्हें मार डाला। अब अगर तुम चाहो तो मेरे साथ आ सकते हो, और जैसे ही तुम ख़ुशी इज़हार करने का नृत्य सीख लोगे तो तुम अपने घर वापस जाने के लिए स्वतन्त्र रहोगे।"

"मैं आपके साथ ज़रूर जाऊँगा।" एर्मिन ने उत्तर दिया। फिर वे दोनों साथ-साथ चल दिये।

गरुड़ पक्षी अब कोई पक्षी नहीं रहा था, बल्कि अपने सुन्दर पंखों के ज़रिये अपनी पीठ पीछे एक शानदार शामियाना बनाये एक बड़ा मज़बूत आदमी बनके खड़ा हो गया। वे दोनों चलते गये और चल-चल के अनेक घाटियों के माध्यम से होकर दूर आन्तरिक भूमिस्थल पर पहुँचे। उसके बाद एक नयी यात्रा शुरू हुई और वह भी ऊँचे पहाड़ों की तरफ़ और फिर वे चढ़ाई करने लगे।

"पर्वत की चोटी पर हमारा घर है।" युवा गरुड़ ने कहा। और वे दोनों ऊँचे पर्वत पर बड़ी मुश्किल से चढ़ते रहे जब तक कि आख़िरी चोटी के ऊपर चढ़कर एक समतल भूमि पर पहुँच न गये हों। इस भूमि से अब वे नीचे के फैले हुए विशाल क्षेत्रों व मैदानों पर कैरिबो के शिकारियों की तरह नज़र डाल सकते थे। लेकिन जैसे ही वे पर्वत के शिखर पर पहुँचनेवाले थे, उन्हें अचानक एक तेज़ आवाज़ सुनाई दी। धीरे-धीरे वह आवाज़ दोगुनी बढ़ने लगी। जब वे शिखर पर पहुँचे तो एर्मिन को ऐसा अहसास हुआ कि किसी एक विशाल हथौड़े ने उसके दोनों कानों पर प्रहार किया हो और लम्बे समय तक उसके दिमाग़ के भीतर उस आवाज़ की प्रतिध्वनि गूँजती रही हो।

"क्या तुमने कुछ सुना है?" गरुड़ पक्षी रूपी युवक ने पूछा।

"हाँ, एक अजीब कान फोड़ने वाली आवाज़, जो मैंने अपनी ज़िन्दगी में पहले कभी ऐसी आवाज़ नहीं सुनी थी।"

"यह मेरी माँ के दिल की धड़कनों की आवाज़ है।" गरुड़ पक्षी ने उत्तर दिया।

वे दोनों गरुड़ पक्षी के घर के पास पहुँचे, जो बिल्कुल पर्वत के शिखर पर बनाया गया था।

"तुम यहाँ मेरे वापस आने तक प्रतीक्षा करो। मुझे अपनी माँ को तुमसे मिलने के लिए तैयार करना होगा।"

गरुड़ पक्षी ने कहा, और अन्दर चला गया।

थोड़े समय बाद, वह वापस आया और एर्मिन को लेकर घर के अन्दर गया। उन्होंने एक बड़े कमरे में प्रवेश किया, मनुष्यों के आवास की तरह ही सजाया गया एक कमरा था और चारपाई पर, गरुड़ पक्षी की वृद्ध और कमज़ोर माँ काफ़ी अकेली और उदास बैठी थी। उसके बेटे ने उसे कहा: "बाहर एक लड़का खड़ा है जिसने मुझसे वादा किया है कि वह घर वापस जाकर एक संगीत समारोह का आयोजन करेगा। लेकिन आश्चर्य की बात यह है कि उसे समझ में नहीं आया कि कैसे अलग-अलग शब्दों को गीतों के रूप में प्रस्तुत किया जाये। साथ ही उन्हें कुछ भी अन्दाज़ा नहीं है कि कैसे ढोलों को बजाया जाता है और ख़ुशी इज़हार करने के लिए नृत्य किया जाता है। माँ, जो लड़का हमारे घर के बाहर खड़ा है उसे गाने-बजाने के बारे में बिल्कुल ही कुछ भी मालूम नहीं है और अब वह यहाँ आपसे सीखने के लिए आया है।"

अपने बेटे की इन बातों को सुनकर बूढ़ी माँ यानी गरुड़ पक्षी की थकी हुई आँखों में जैसे एक ख़ुशी की लहर दौड़ गयी। मानो इस बेरंगी बुढ़ापे में उसे

एक नया जीवन मिल गया हो। उसने बड़े उत्साह से कहा, "सबसे पहले आपको एक विशाल गृह का निर्माण करना चाहिए। एक दावत गृह/कक्ष जिसमें अनेक संख्या में लोग शामिल हो सकें।"

तत्पश्चात, दोनों युवक दावत गृह के निर्माण कार्य में लग गये और कुछ ही दिनों में बनकर तैयार हो गया जो सामान्य घरों की तुलना में काफ़ी बड़ा और बारीक तरीक़े से बनाया गया था और जिसे उनकी ज़ुबान में 'कागसे' कहा जाने लगा। जैसे ही यह बनकर ख़त्म हुआ तो तुरन्त गरुड़ माता ने दोनों को गीतों में शब्दों को जोड़ने की शैली सिखायी और साथ ही भिन्न प्रकार के स्वरों को शब्दों में शामिल कर अलग-अलग रागों का अभ्यास कराया ताकि वह अलग-अलग सुरों में गाने योग्य बने। बाद में उसने एक बड़ा नगाड़ा अपने हाथों से तैयार किया और उन दोनों को कैसे संगीत के सुरों के साथ ताल से ताल मिलाकर एक लय में नगाड़ा बजाना है सिखाया। साथ ही उन्होंने दोनों को कैसे नगाड़े की ताल में ताल मिलाकर अपने शरीर को हिलाने की प्रक्रिया यानी नाचने की कला और उससे जुड़ा हुआ नृत्य-कौशल भी सिखा दिया। जब बूढ़ी गरुड़ ने यह देखा कि एर्मिन ने यह सब कुछ बड़े चाव से सीख लिया तो उसने कहा—

"हर एक त्योहार मनाने से पहले तुम्हें ढेर सारे मांस का इन्तज़ाम करना होगा और साथ ही कई पुरुष, नजवानों को आमन्त्रण/न्योता भेजना होगा। जैसे ही तुम्हारे दावत गृह का निर्माण कार्य समाप्त होता है और गीतों का रचना कार्य ख़त्म होता है तब तुम्हें यह न्योता या निमन्त्रण पत्र भेजना चाहिए। यह हमेशा याद रखना कि जब भी कई पुरुष और अनेक लोग किसी भी कारणवश कहीं इकट्ठे होते हैं तब उन्हें एक शानदार भोजन की आवश्यकता होती है या पुरुषों को हमेशा शानदार भोजनों के ज़रिये आकर्षित किया जा सकता है या आम जनता को भोज के द्वारा एकत्रित करने की सुविधा होती है।"

"लेकिन हमें किसी दूसरे लोगों के बारे में कुछ भी पता नहीं है।" एर्मिन ने जवाब में कहा।

"लोग अभी भी अकेलेपन का शिकार हो रहे हैं, क्योंकि उन्हें अभी तक ख़ुशी का उपहार प्राप्त नहीं हो पाया है।" माँ गरुड़ ने उत्तर दिया। "जैसा मैंने तुम्हें बताया है उसी तरीक़े से पहले तुम अपनी तैयारियाँ ठीक तरह से कर लो। जैसे ही सारी तैयारियाँ हो जाती हैं तो तुम बाहर दूसरे मनुष्यों की तलाश में निकलना। याद रखना तुम्हें उन्हें जोड़ों में रखना होगा। इन जोड़ों को तब तक इकट्ठे करते रहना जब तक कई जोड़ियाँ संख्या में न बढ़ जायें। उसके बाद तुम उन्हें दावत के लिए आमंत्रित करना। उसके बाद तुम सब लोग मिलकर इस महोत्सव का धूमधाम से आयोजन करना, त्योहार मनाना और यही होगा 'गीतों का त्योहार।'

इस प्रकार बूढ़ी गरुड़ माता ने एर्मिन को समझा-बुझाकर अच्छे तरीक़े से निर्देश दिया वर्तमान परिस्थिति में उसे किस तरह के क़दम उठाने चाहिए और अन्ततः/आख़िरकार उसने कहा, "हालाँकि मैं शारीरिक रूप से एक गरुड़ अवश्य हूँ पर मेरे हृदय के अन्दर एक बूढ़ी औरत की जान बसी हुई है और जब भी चाहूँ उसका रूप धारण कर सकती हूँ लेकिन इस विशेष बूढ़ी औरत का स्वभाव भी दूसरी औरतों की तरह ही है। गीतों के त्योहार का महोत्सव मनाने के लिए मैंने तुम्हें जो ज्ञान दिया है इसके बदले एक उपहार यानी यादगार भेंट की तुमसे उम्मीद रखती हैं। इसलिए विदाई के वक़्त अगर तुम मुझे कुछ अस्थि की मांसपेशियों (अस्थि मांसपेशी sinew string) को उपहार के रूप में दे सकते हो तो मुझे बड़ी प्रसन्नता होगी।"

एर्मिन की पहले बहुत दयनीय स्थिति हुई। सोचा कि अब घर से इतनी दूर आ चुका है और वह कहाँ से ऐसी मांसपेशियों को यानी पुट्ठों को प्राप्त कर सकता है जो जानवरों की मांसपेशियों में से निकाला जाता है? अचानक उसे

याद आया कि उसकी तीर और भाले के तीक्ष्ण नुकीली हिस्सों को लकड़ियों के साथ ऐसी सूखी मांसपेशियों से ही सुतली के रूप में बाँधा गया है। उसने धीरे-धीरे खोलना शुरू किया जो उनके पिता द्वारा काफ़ी मज़बूत तरीक़े से बाँधा गया था। सम्पूर्ण रूप से सारी सूखी मांसपेशियाँ निकलने के बाद एर्मिन ने बूढ़ी गरुड़ माता को दे दीं और यही उसकी तरफ़ से पेश किया गया एक सामान्य उपहार था। तत्पश्चात, युवा गरुड़ पक्षी ने अपने चमकीले भव्य स्वरूप का आकार धारण किया और अपने मेहमान एर्मिन को अपनी पीठ पर बिठाया और उसकी गर्दन के चारों ओर हथियार डाल दिये ताकि वह कहीं ओर न जा सके। फिर उसने अपने आप पहाड़ी ढलानों की ओर छलाँग लगायी। अचानक, एर्मिन को अपनी चारों तरफ़ एक गगनभेदी ध्वनि/आवाज़ सुनाई दी और उसने सोचा कि शायद आज उसका अन्त होनेवाला है और उसकी मौत की घड़ी आ चुकी है। परन्तु यह उड़ान और ऐसा अनुभव बहुत ही कम समय के लिए था। पल भर में ही वे दोनों उसी स्थान पर उपस्थित हुए जहाँ दोनों की मुलाक़ात पहली बार हुई थी। जैसे ही युवा गरुड़ की चाल रुकी तो एर्मिन ने अपनी आँखें खोलीं और तब उसने अपने आपको सुरक्षित महसूस किया। दोनों आख़िर में दोस्त बन गये और एक-दूसरे को अपने-अपने कर्तव्यों पर लगे रहने की सलाह दी। फिर दोनों एक-दूसरे के गले मिले और युवा एर्मिन ने गरुड़ को सौहार्दपूर्ण विदाई दी। इसके बाद एर्मिन अपने घर की तरफ़ माता-पिता के पास ज़ल्दी भागने लगा और अपनी सभी दुस्साहसिक घटनाओं का ब्यौरा देने लगा। उसने इन शब्दों के साथ अपनी कथाओं का समापन किया:

"पुरुष हमेशा अकेले रह रहे हैं, हँसी-ख़ुशी, मौज़-मस्ती, आनन्द-विनोद के बिना/बग़ैर क्योंकि उन्हें यह नहीं पता कि कैसे ख़ुशियों की सृष्टि की जा सकती है। अब मैं बूढ़ी गरुड़ माता से आशीर्वाद प्राप्त कर चुका हूँ और उनकी कृपा से मैंने वह सारा ज्ञान प्राप्त किया है कि मैं सारे पुरुषों में ख़ुशियों की लहर फैला सकूँ। इस अमूल्य उपहार के ज़रिये उन्हें आनन्दित कर सकूँ,

उन सब के हृदय में प्रसन्नता की लहर दौड़ा सकूँ। मैंने माता से प्रतिज्ञा/वादा भी किया है कि मैं सभी पुरुषों में इस ख़ुशी के उपहार को साझा करने के लिए बहुत जल्द सबको एक ही जगह पर आमंत्रित करूँगा।"

अपने बेटे की इन अविश्वसनीय बातों ने पहले दोनों माता-पिता को तो आश्चर्यचकित किया फिर भी सिर हिलाकर सुनते रहे। यह सच था कि इन दोनों ने कभी भी अपने जीवन में ऐसा अनुभव नहीं किया था कि जिससे उनका ख़ून गरम हो और न ही हृदय में ऐसा कुछ कभी भी महसूस नहीं किया था जिससे कि दिल की धड़कनें तेज़ हों। वे कभी कल्पना में भी ऐसे उपहार के बारे में सोच नहीं सकते हैं जैसा गरुड़ माता ने कहा है। लेकिन इन दोनों बुजुर्ग ने डर के मारे बूढ़ी गरुड़ की बातों को इनकार करने की हिम्मत भी नहीं जुटा पायी क्योंकि गरुड़ माता पहले ही उनके दो जवान बेटों की जानें ले चुकी थीं और वे समझ गये कि अगर अपने आख़िरी बच्चे को ज़िन्दा रखना है तो बूढ़ी गरुड़ माता की सारी बातें माननी पड़ेंगी। इसलिए इन्होंने वह सारा काम किया और वे सारी चीज़ें इकट्ठा की जिसकी उसे सख़्त आवश्यकता थी।

एक सुन्दरदावत खाना, गरुड़ गृह के सादृश्य एक विशाल दावत गृह का निर्माण सम्पूर्ण किया गया। भंडार गृह में ढेर सारे समुद्री जीवों और कैरिबो के मांस से भरा हुआ था। पिता-पुत्र ने अपने हृदय की सबसे प्यारी तथा गहरी यादों को और अपनी स्वतःस्फूर्तः भावनाओं को इक्ट्ठा कर शब्दों के ज़रिये संगीत में तब्दील किया जिस पर उन्होंने सुरों की लहरें भी दौड़ाईं। साथ में उन्होंने ढोल भी बनाये। कैरिबो की कठोर खाल लकड़ियों की फ्रेम में बाँधकर तीखी गड़गड़ाने की आवाज़ वाली डफली भी बनायी। ढोलों की ताल पर ताल मिलाते हुए दोनों गीत गाने लगे और साथ ही साथ अपने हाथों और पैरों को लयबद्ध और आकर्षक ढंग से हिलाते रहे। इस प्रकार वे अपने मन और शरीर दोनों में गर्माहट लाने में समर्थ हुए। उन्होंने अपने इस कार्य को दूसरे ढंग से देखने की कोशिश की और पाया

कि इस प्रक्रिया द्वारा वे अपने शरीर और आत्मा में एक तरह की ऊर्जा का आनन्द अनुभव करने लगे। नयी किरण/प्रकाश की लहर दौड़ने लगी। कई शामें और रातें इस तरह बीतीं कि वे हँसी-मज़ाक़ करते, हँसते-हँसाते, क़िस्से-कहानियाँ सुनते-सुनाते, छोटी-से-छोटी बातों पर एक-दूसरे को ठहाके मारकर हँसते हुए देखे गये। किसी की आँखों से ख़ुशी के आँसू बह उठे तो कइयों को पेट पकड़कर हँसते-हँसते ज़मीन पर गिरते हुए भी देखा गया। इस परिवर्तन ने उनके जीवन में नयी आशा की लहर दौड़ाई अन्यथा, वे पूरे शाम को बोरियत के साथ जम्हाइयाँ लेकर बिताते।

जैसे ही सारी तैयारियाँ सम्पूर्ण हुईं, एर्मि परिवार द्वारा आयोजित समारोह/उत्सव में हिस्सा लेने के लिए लोगों को न्योता देने और आमंत्रित करने के लिए दूर-दूर तक के देशों तक निकल गया। बड़े आश्चर्य के साथ उसने पाया कि वह और उसके माता-पिता इस यात्रा में अब पहले जैसे अकेले नहीं रहे। आख़िरकार, इनको अपने जैसे अनेक साथी और संगी मिल गये। अचानक उसे हर जगह अनेक लोग मिले। कई जोड़ियों में मिले तो कई अजीब तरह के शक्लोंवाले लोग भी मिले। कहीं कई भेड़ियों की खाल पहने हुए लोग मिले तो दूसरी जगह वॉल्वरिन, जंगली वनबिलाव बिल्ली, लाल और सफ़ेद रंग की लोमड़ियों की खाल पहने हुए असल में सभी प्रकार के जानवरों की खाल पहने हुए भिन्न-भिन्न प्रकार/सभी प्रकार के लोग दिखाई दिये / मिले।

एर्मिन ने उन सभी को नये दावत गृह में सजाये गये स्वादिष्ट भोज की ओर आमंत्रित किया और वे सभी ख़ुशी से उसके पीछे हो लिये। जैसे ही लोगों ने खाना शुरू किया एर्मिन ने अपना गीत समारोह का शुभारम्भ किया। भिन्न सुरीले सुरों में भिन्न धुनयुक्त गीतों को पेश कर उसने न केवल अतिथिगणों का दिल जीत लिया बल्कि समारोह में शामिल हर एक व्यक्ति को भी एक अपने गीतों का निर्माण करने के लिए प्रोत्साहित किया। सारे लोग अपनी भावनाओं को शब्दों के ज़रिये सुरों में बदलकर इतनी जल्दी गीत का सृजन कर पायेंगे

पहले किसी को विश्वास नहीं हो रहा था। लोग लापरवाह होकर हँस-हँसकर सबके संग बातें कर रहे थे जो पहले उन्होंने अपनी ज़िन्दगी में कभी नहीं किया था। समारोह में शामिल सारे लोगों के होठों पर एक आत्मसन्तुष्टि की भावना झलक रही थी। मेज़ों पर रखे गये भिन्न तरह के व्यंजनों की, मिठाइयों की काफ़ी सराहना की गयी। अलग-अलग तरह के मांस के उपहारों का आदान-प्रदान किया गया। दोस्ती, मैत्री, विश्वास का हाथ एक-दूसरे को आगे बढ़ाया गया। ऐसे कई लोग थे जिन्होंने एक-दूसरे को महँगे महीन रोयांयुक्त खाल भी उपहार स्वरूप भेंट कीं। रात बीत गयी और सुबह की पहली किरण जब दावत गृह में लोगों के भीड़-भाड़ के बीच चमकी तभी मेहमानों ने विदा माँगी।

फिर जैसे ही वे सारे प्रवेशद्वार से बाहर निकलकर आये उन्होंने अपने अपने हाथों को ज़मीन के ऊपर रख छलाँग लगा-लगाकर वहाँ से चारों दिशाओं में निकल गये। वे अब पुरुष नहीं रहे, लेकिन वास्तव में, भिन्न तरह/प्रकार के खूँखार जंगली जानवरों जैसे भेड़ियों, वॉल्वरिन, जंगली वनबिलाव बिल्ली, लाल और सफ़ेद रंग की लोमड़ियों में परिवर्तित हो गये थे। एर्मिन के समारोह में जितने मेहमान शामिल हुए थे वे सारे बूढ़ी गरुड़ माता द्वारा भेजे गये थे, ताकि पिता और पुत्र की कोशिशें व्यर्थ न जायें। गीतों के उपहारवाली ख़ुशी में इतनी बड़ी शक्ति थी कि यह जानवरों को पुरुषों में भी बदल सकता था। इस प्रकार, जानवर, जो हमेशा पुरुषों की तुलना में अधिक प्रसन्नचित्त रहे हैं वही सारे आज मनुष्य के दावत समारोह के सबसे पहले मेहमान रहे थे और जिन्हें एर्मिन ने खुद आमंत्रित किया था।

इसके कुछ समय बाद एक दिन अचानक एर्मिन की मुलाक़ात गरुड़ से हो गयी जब वह शिकार के लिए निकले थे। तुरन्त उसने अपना रूप बदला और एक आदमी में परिवर्तित हो गया। दोनों साथ-साथ गरुड़ के घर तक चले, क्योंकि उसकी बूढ़ी गरुड़ माँ एक बार फिर एर्मिन को देखना चाहती थी

जिसने मानवता के लिए पहला गीत समारोह आयोजित किया था। जैसे ही वे सब पर्वत की शिखर तक एक बार फिर उपस्थित हुए तो बूढ़ी गरुड़ माँ उन्हें धन्यवाद देने के लिए अपने घर से बाहर निकल चुकी थीं। लेकिन यह क्या ! देखते ही देखते बूढ़ी माँ एक सुन्दर जवान औरत में बदल गयीं।

अनुमानित है कि यह कथा कांग्लानेक में रहनेवाले आदिवासी लोगों से सम्बन्धित है। एक ऐसी भूमि जिसकी व्यापकता व क्षेत्र विस्तार कोलवील नदी के स्रोतों के समानान्तर व्याप्त घने जंगलों के संग शुरू होकर दूर-दूर तक, यानी जहाँ तक दृष्टि जाती है वहाँ तक फैली हुई है। और कहा जाता है कि इसी अद्भुत और विचित्र रूप से सम्पूर्ण मानव जाति को गीतों की भेंट मिली। इसलिए गरुड़ को एक पवित्र पक्षी के रूप में स्वीकार किया गया और तत्पश्चात लोग गीत-नृत्य समारोहों और उत्सव-पावनों पर गरुड़ पक्षी की पूजा भी करने लगे।

ध्रुवीय भालुओं का राजा

(एल. फ्रेंक बऊम की 'अमेरिकन फेअरि टेल' संग्रह में 1901 में प्रकाशित हुई थी।)

अगम्य ध्रुवीय हिमखंड और वहाँ बसे सफ़ेद भालुओं की कहानियाँ हमेशा से बेहद आकर्षण की केन्द्र रही हैं। इन्हीं ध्रुवीय देशों के हिमखंडों के बीच एक सुनसान गुफा में ध्रुवीय भालुओं का राजा रहता था, जो काफ़ी बूढ़ा और विशालकाय आकृति का था। जो भी उसे जानता था यही कहता था कि राजा हमेशा उन सभी के प्रति समझदार और मैत्रीपूर्ण भाव रखता था। उसका भव्य मोटा शरीर घने और लम्बे, सफ़ेद बालों से ढँका रहता था जो आधी रात के सूरज की किरणों के नीचे चाँदी की तरह चमकता था। उसके पंजे बेहद मज़बूत और नुकीले थे, जिससे वह चिकनी बर्फ़ या घास पर सुरक्षित रूप से चल सकता था। मछलियों और सीलों को आसानी से फाड़ सकता था, जिसे खाकर वह अपना जीवन निर्वाह करता था। जब भी भालू राजा सीलों के पास जाया करता था, तो सारे सील डर के मारे उससे बचने की कोशिश करते; लेकिन समुद्री गल पक्षी, जो श्वेत और भूरे रंगों में मिलते हैं, उन्हें बहुत प्यार करते थे। क्योंकि भालू राजा हमेशा अपनी खायी हुई मछलियों के अवशेषों को उनके खाने के लिए छोड़ दिया करता था, जो ये सारे पक्षी बड़े चाव से निगलते थे। अक्सर वहाँ बसे ध्रुवीय भालुओं के झुड राजा से अनेक विषयों पर विचार-विमर्श करने तथा सलाह-मशवरा लेने के लिए आते थे लेकिन वे

सारे हमेशा बड़ी सावधानी और समझदारी के साथ भालू-राजा की गुफा के सामने स्थित शिकार के मैदान से दूर रहते थे ताकि ऐसा न हो कि वह किसी कारणवश राजा की शौक़ में हस्तक्षेप कर बैठें और उसके ग़ुस्से को बेवजह बढ़ावा दें।

इन्हीं अगम्य ध्रुवीय हिमखंडों तक कभी-कभार भेड़ियों का झुड भी आ जाता था और वे भेड़िये आपस में हमेशा फुसफुसाते थे कि ध्रुवीय भालुओं का राजा या तो एक बहुत बड़ा मायावी है, नहीं तो किसी जादुई शक्ति या शक्तिशाली परी के संरक्षण में है। तभी तो अब तक कोई भी पार्थिव जीव उसका कोई नुक़सान नहीं कर पाया है। नहीं तो शीतनिद्रा के समय, साल भर के खाद्य पदार्थों को संरक्षित किये बिना ही दिन-ब-दिन और साल-दर-साल उसकी आकृति में इतनी बढ़ोतरी कैसे हो सकती है ?

एक दिन राजा हिमखंडों के बीच स्थित अपनी सुनसान गुफा से बाहर निकलकर आया तो उन्होंने गर्मियों की उष्णता से और बर्फ़ के स्थानान्तरण से तथा गलने से उत्पन्न पानी के स्रोत से गुज़रती हुई एक नाव देखी, जिसमें कई पुरुष बैठे हुए थे। भालू राजा ने इस तरह के जीवों को पहले कभी नहीं देखा था, और वह उत्सुकतावश नाव की ओर बढ़ने लगा। एक अजीब गन्ध उसकी नाक में लगी और वह सूँघने के लिए काफ़ी इच्छुक हुआ।

सोचने लगा कि वह किस तरह से इस गन्ध को स्वीकार करे। क्या उन्हें दोस्त समझे या दुश्मन? क्या उसे भोजन और मांस समझकर खाया जाये ? जब भालू राजा पानी के किनारे पर आया तो उसने देखा कि नाव में बैठा हुआ एक आदमी अचानक खड़ा हुआ और एक तार के यंत्र के सहारे उसने ज़ोर से एक 'धम' की आवाज़ निकाली !ध्रुवीय भालू को झटका लगा; अचानक उसका दिमाग सुन्न हो गया; धीरे-धीरे विचारों ने उसका साथ छोड़ दिया। शरीर का प्रत्येक महत्त्वपूर्ण अंग हिल गया और शरीर के निचले हिस्से शिथिल हो गये। अकस्मात उसका शरीर सख़्त बर्फ़ पर धड़ाम से गिर पड़ा।

एक समय के लिए बस उसे इतना ही याद था। जब उसकी आँखें खुलीं तो उसने अपने विशालकाय बदन के हर एक इंच पर भयंकर दर्द महसूस किया; क्योंकि वह आदमी जिसको उसने नाव पर बैठा हुआ देखा था, उसकी खाल के एक बड़े हिस्से को, शानदार सफ़ेद बालों सहित बड़े पैमाने पर काटकर अपने साथ किसी दूर-दराज़ के जहाज़ में ले गया। जब वह कई घंटों तक नीचे बर्फ़ पर पड़े रहे तो उसके शरीर के ऊपर उसके ही अपने दोस्त समुद्री गल पक्षी यही सोचकर हज़ारों परिक्रमा लगातार लगा रहे थे कि उसका दयालु दोस्त वास्तव में जीवित नहीं रहा और अब उसकी निर्जीव देह गल पक्षियों के खाद्य पदार्थ की शृंखला में शामिल हो गयी है लेकिन जैसे ही उन्होंने उसे अपने सिर को उठाते और बदन को काँपते व कराहते हुए देखा तो उन्हें पता चल गया कि वह अभी भी जीवित है। उनमें से एक ने अपने साथियों से कहा: "भेड़िये सही थे। यह राजा तो एक महान मायावी निकला, यहाँ तक कि मनुष्य भी उसे नहीं मार सके। लेकिन वह मानसिक रूप से रोगग्रस्त हो जायेगा अगर उसे अपने शरीर को सम्पूर्णतः ढँकने का साधन न प्राप्त हुआ तो। आओ, हम सब मिलकर उसकी दयालुता के क़र्ज़ को चुकाएँ और क्यों न हम प्रत्येक पक्षी अपने पंखों में से एक-एक पंख निकालकर उपहार के रूप में भालू-राजा पर न्योछावर करें।"

इस सुन्दर विचार को सुनकर गल पक्षियों को काफ़ी प्रसन्नता हुई। एक के बाद एक करके सारे पक्षियों ने चोंच के बल से अपने पँखों के नीचे में से सबसे कोमल पंख को काट निकाला, और, नीचे उड़ते हुए, उन्हें ध्रुवीय भालू-राजा के शरीर पर धीरे-से रख दिया। उसके बाद वे सब एक ही आवाज़ में बोल उठेः "साहसी मित्र ! हमारे पँख आपके घने बालों की तरह मुलायम और सुन्दर हैं। वे आपको ठंडी हवाओं से बचाएँगे और सोते समय गर्म महसूस करायेंगे। हौसला रखिये, और अपनी ज़िन्दगी को फिर से खुशनुमा बनाइये !"

आहिस्ता-आहिस्ता ध्रुवीय भालू राजा ने महसूस किया कि उसके दुख-दर्द को सहन करने की क्षमता यकायक बढ़ गयी है, मानो उसने पुनर्जन्म प्राप्त किया हो। वह ज़िन्दगी को एक नये सिरे से मज़बूत बनाने लग जाता है। उसकी खुरदरी खाल में भी गल पक्षियों से भेंट में मिले भूरे रंग के पंख निरन्तर बढ़ते गये जैसे मानों पक्षियों के शरीर पर बढ़ रहे हों और उसके विशालकाय शरीर को पूरे तरीक़े से ढकने लगे जैसा कि उसके अपने बालों ने किया हो। वैसे भालू राजा के ज़्यादातर बाल शुद्ध सफ़ेद रंग के थे, लेकिन गल पक्षियों के निःस्वार्थ दान की बदौलत धीरे-धीरे भालू राजा के रंग-रूप तथा आकृति में एक अनोखी रौनक झलकने लगी। उस गर्मी के बाक़ी के दिनों, आनेवाली सर्दियों के छह महीनों की कँपकँपी ठंडी रातों में भालू राजा ने कभी-कभार ही अपनी बर्फीली गुफा को छोड़ा था और वह भी केवल भोजन के लिए, मछली या सील पकड़ने हेतु। हालाँकि उसने अपनी विराट आकृति को पंखों द्वारा ढँकने के प्रयास में कोई शर्म महसूस नहीं की थी, फिर भी यह अभी तक उसके लिए काफ़ी विचित्र था, और वह जानबूझकर अपने आपको दूसरे भालू, भाई-बन्धुओं से दूर रखने का प्रयास करने लगा। भालुओं के सामाजिक मेल-मिलाप से परहेज़ करता रहा। इन सामाजिक दूरियों की अवधि के दौरान, उसने उन मनुष्यों के बारे में सोचा, जिन्होंने उसे गहरा नुक़सान पहुँचाया था। जिस तरह उन्होंने 'धमाकेदार' आवाज़ निकालकर उसे बेहोश कर दिया था और उसके बालों को खालों सहित निकाल ले गया था, उसको अविरत याद

करने लगा। उसने फ़ैसला किया कि आनेवाले दिनों में ऐसे भयंकर जीवों से दूर रहना ही बेहतर होगा। इस प्रकार, उसने अपने ज्ञान-भंडार में अपनी आपबीती यादों को सँजोकर रखा और फिर एक लम्बी आह भरी।

जब चाँद आसमान से कहीं दूर जाकर गिरा और सूर्य इन्द्रधनुष के भव्य चित्रों के साथ हिमखंडों को टिमटिमाने के लिए उदय हुआ तो भालू राजा की गुफा में एकदिन दो ध्रुवीय भालू आ पहुँचे ताकि वे बसन्त से ग्रीष्म ऋतु में पाये जानेवाले खाद्य पदार्थों और ग्रीष्म से पतझड़ ऋतु तक के शिकार के दिनों में आजमायी गयी पुरातन शिकार सम्बन्धी भिन्न प्रणालियों तथा सफल तरीकों पर चर्चा कर सके और इस सम्बन्ध में भालू राजा के सलाह-मशवरे को सुन पाये। लेकिन जब उन्होंने राजा के विशाल शरीर को बालों के बजाय पंखों से ढँका हुआ देखा तो वे एकाएक हँस पड़े, और एक ने कटाक्ष की भावना से कहाः

“हमारे शक्तिशाली राजा पक्षी बन गये हैं! पंखों वाले ध्रुवीय भालू के बारे में किसी ने कभी पहले सुना है ?"

भालू राजा तब अत्यन्त क्रोधित हुआ। बादलों की गरज के समान ऊँची आवाज़ में गुर्राता हुआ वह आगे बढ़ा, लेकिन अपनी आलीशान चाल के साथ। उसके राक्षसी पंजे के एक प्रहार ने उस उपहास करनेवाले भालू को

ज़मीन पर पटक दिया और वह बेजान वहाँ गिर पड़ा। दूसरा भालू चुपचाप वहाँ से भागकर अपने साथी-सम्बन्धियों के पास पहुँचा और तब जा कर लम्बी साँस तानी। वहाँ से उसने राजा के अजीब रूप और विचित्र-व्यवहार की ख़बर विस्तारपूर्वक सब में फैला दी।

परिणामस्वरूप, बर्फ़ के एक व्यापक क्षेत्र पर सभी ध्रुवीय भालुओं की एक बैठक आयोजित की गयी, जहाँ उन्होंने गम्भीरता से उन उल्लेखनीय परिवर्तनों पर बातचीत की जो उनके राजा पर आये थे।

"वास्तव में, अब वे भालू नहीं रहे," एक ने कहा; "न ही उन्हें सम्पूर्णतः एक पक्षी कहा जा सकता है। मूलतः वे आधे पक्षी और आधे भालू हैं, पंखोंवाले भालू और इसलिए हमारे राजा बने रहने के लिए अयोग्य हैं।"

"तो उनकी जगह कौन लेगा ?" दूसरे ने पूछा। "वह जो पक्षी रूपी भालू से लड़ सकता है और उनसे जीत हासिल कर सकता है," भालू समूह के एक वृद्ध सदस्य ने जवाब दिया।

"केवल सबसे मज़बूत और शक्तिशाली भालू ही हमारी प्रजाति पर राज करने के लिए योग्य होगा।"

लम्बे समय तक वहाँ ख़ामोशी छायी हुई थी, सन्नाटा फैला हुआ था। फिर अचानक एक ऊँची आवाज़ ने सबकी तन्द्रा दूर की और सब ने देखा कि एक बृहत्काय भालू, जिसका नाम 'वूफ़' था, सामने चला आया है। उसने प्रचंड आवाज में कहा :

"मैं उससे लड़ूँगा; मैं अपनी प्रजाति की सबसे बड़ी गर्जन में गुर्राऊँगा और मैं ही ध्रुवीय भालुओं का एकमात्र बादशाह बनके सबको सँभालूँगा।"

वूफ़ की आकृति और साहस को देखकर अन्य भालुओं ने सहमति जताई और एक दूत के ज़रिये पंखोंवाले भालू राजा को सन्देश भेजा गया कि वे बृहत्काय भालू, वूफ़ से लड़कर और उन्हें परास्त कर अपना सार्वभौमत्व प्रतिपन्न करें। खोया हुआ सम्मान और आधिपत्य पुनः प्रतिस्थापित करके दिखाएँ। वरना, ख़ुशी-ख़ुशी अपनी सम्प्रभुता त्याग करें।

"रंग-बिरंगे पंखों सहित भालू!" दूत ने साथ में जोड़ा, "सही मायने में बिल्कुल भी भालू कहने लायक नहीं है। राजा जिनकी आज्ञा हमें हमेशा माननी चाहिए, वे भी आकार-प्रकार, व्यवहार तथा रंग-रूप में भी बाक़ी भालुओं की तरह दिखना चाहिए। पंखोंवाला भालू, हमारी प्रजाति के नाम पर अवश्य ही एक कलंक होगा।"

भालू राजा ने कहा, "मैं पंख लगाता हूँ, पंख पहनता हूँ, क्योंकि मुझे उससे आत्मसन्तुष्टि मिलती है। क्या मैं एक महान जादूगर या मायावी नहीं हूँ ? लेकिन फिर भी, मैं लड़ूँगा, और अपना स्वामित्व प्रतिपन्न करके दिखाऊँगा। मुझे चुनौती देनेवाले भालू ने अगर मुझे परास्त किया तो वह मेरे स्थान पर राजा बन जायेगा। मुझे उसमें कोई आपत्ति नहीं होगी।"

यह चुनौती सुनकर भालू राजा के दिल को काफ़ी ठेस पहुँची और फिर अपने दोस्त, गल पक्षियों से जाकर मिला, जो अभी भी मृत भालू के शरीर से दावत का मज़ा ले रहे थे, और उन्हें धीरे-से अपनी आने वाली लड़ाई के बारे में बताया।

"निः सन्देह, मैं ही जीतूँगा," उसने गम्भीरता से कहा। "फिर भी, मुझे ऐसा लगता है कि मेरे वंशज तथा मेरे प्रजातिगण युक्तिपूर्ण बात भी कर रहे हैं। उनके जैसा आचरण करनेवाला व दिखने वाला कोई बालवाला भालू राजा ही प्रजा से अपने आज्ञाकारिता की उम्मीद रख सकता है।"

गल पक्षी की रानी ने कहा, "मैं कल एक गरुड़ से मिली, जिसने मनुष्यों से भरे एक बड़े शहर से पलायन किया था और उस गरूड ने बताया कि उसने एक विशालकाय ध्रुवीय भालू की खाल देखी थी जो सड़क के किनारे लुढ़की हुई किसी एक गाड़ी के पीछे की सीट पर लटकी हुई थी। मुझे ऐसा लगता है कि वह खाल आपकी ही रही होगी, और अगर आपकी इच्छा हो तो मैं अपने सौ गल पक्षियों को वापस लाने के लिए शहर की तरफ़ भेज सकती हूँ।"

"उन्हें जाने दो!" संक्षिप्तता से भालू राजा ने उत्तर दिया।

जल्द ही सौ गल पक्षिओं को दक्षिण दिशा की ओर तेज़ी से उड़ते हुए दिखाई दिया। तीन दिनों तक, वे सीधे तीर की तरह उड़ते रहे, जब तक कि वे कुछ बिखरे हुए घरों, गाँवों और शहरों की सीमाओं के अन्दर नहीं आये। फिर उनकी तलाश शुरू हुई। सारे गल पक्षी काफ़ी बहादुर, चालाक तथा अत्यन्त बुद्धिमान थे। चौथे दिन, वे एक विशाल महानगर जा पहुँचे और सड़कों पर तब तक मँडराते रहे जब तक उन्हें एक गाड़ी के पीछे की सीट पर फेंकी गयी एक शानदार सफ़ेद भालू की खाल दिखाई न दी। फिर उन्होंने एकसाथ सहसा नीचे की तरफ़ झपट्टा मारा और जैसे ही अपनी चोंच के ज़रिये खाल को ज़ब्त किया, वे तुरन्त उड़कर नीले आसमान में अदृश्य हो गये।

आख़िरकार, उन्हें देर हो गयी। राजा के अस्तित्व की पहचान स्थापित करानेवाली शानदार लड़ाई सातवें दिन को थी, और उन्हें उस समय तक ध्रुवीय हिमखंडों तक पहुँचने के लिए बिजली की रफ़्तार से उड़ना चाहिए था। इसी बीच पंखोंवाले भालू राजा ने अपनी लड़ाई की तैयारी शुरू कर दी। बर्फ़ के छोटे-छोटे टुकड़ों में अपने पंजों को घुसाकर अपने नाख़ूनों को तेज़ कर लिया। फिर एक सील पकड़कर अपने खूँखार पीले दाँतों के बीच रखा। एक ही झटके में हड्डियों को कुरेद कर अपने दाँतों का परीक्षण किया। उधर गल पक्षी की रानी ने अपने अनुचरों को भालू राजा के पंखों की सजावट के लिए

भेजा ताकि वे उसके शरीर में मुलायम तरीक़े से बैठ पाये। हर दिन सारे गल पक्षी दक्षिण दिशा के आसमान की तरफ़ उत्तेजित दृष्टि से नज़र डालते रहे, उन सौ गल पक्षियों की तलाश में जो राजा की खाल को वापस लाने गये थे, व्याकुल रहे। अन्त में, वह सातवें दिन आया, और उस क्षेत्र के सारे ध्रुवीय भालू राजा की गुफा के आसपास एकत्रित हुए। उनमें से था अहंकारी 'वूफ़', जो अपनी सफलता पर अत्यन्त ही दृढ़ और आश्वस्त था।

"जब मैं उस पर अपने पंजों से आक्रमण करूँगा तो भालू-पक्षी के सारे कोमल पंख तेज़ी से उड़ जायेंगे, बिखर कर गिरेंगे!" आकर ही उसने अपनी बड़ाई करनी शुरू कर दी; और यह सुनकर दूसरे सारे भालू हँस पड़े जिससे उसका हौसला दोगुना ज़्यादा हो गया। भालू राजा को अपनी जनताओं का उसकी खाल पर श्रद्धा न होने से निराशा हुई, लेकिन इसके बावजूद उसने शौर्यता तथा वीरता के साथ लड़ने का संकल्प किया। वह अपनी प्राकृतिक और महिमामंडित राजसी रूप के साथ अपनी गुफा के मुख्य द्वार से निकलकर अपने अधीनस्थों के समक्ष प्रकट हुआ। जैसे ही उसने अपने दुश्मन का सामना किया, तो उसने एक ऐसी भयानक और दिल दहलाने वाली आवाज़ में गुर्राया कि वूफ़ का कमज़ोर दिल पल-भर के लिए धड़कना बन्द हो गया था। उसे अहसास होने लगा कि उसकी प्रजाति के वयोवृद्ध तथा बुद्धिमान और पराक्रमी भालू राजा के विपरीत लड़ाई करना कोई हँसी-मज़ाक़ की बात नहीं थी। अपने दुश्मन से एक या दो भारी वार का आदान-प्रदान करने के बाद, वूफ़ की हिम्मत थोड़ी-सी लौट आयी थी और उसने अपने विरोधी को एक गरज के साथ ख़त्म करने की ठान ली।

"पास आओ, भालू-पक्षी!" उसने चिल्लाया। "नज़दीक आओ, ताकि मैं तुम्हारे पंखों को उखाड़ पाऊँ !"

इस अवज्ञाभरी चुनौती ने भालू राजा को क्रोध से भर दिया। उसने अपने पंखों को फड़फड़ाना शुरू किया जैसा कि एक पक्षी करता है और देखते ही देखते वह अपने वास्तविक आकार से दोगुना ज़्यादा प्रतीत हो गया। फिर वह दुश्मन की तरफ़ आगे बढ़ा और उसके सिर पर अपने पंजे से एक शक्तिशाली प्रहार किया कि एक ही झटके में वूफ़ की खोपड़ी अंडे के नाज़ुक छिलके की तरह फट गयी और वह ज़मीन पर धड़ाम से गिर पड़ा। एकाएक युद्धक्षेत्र में उपस्थित सारे भालू डर के मारे खड़े हो गये और अपने गिरे हुए योद्धा को देखकर उन्हें काफ़ी हैरानी हुई।

देखते ही देखते सम्पूर्ण आसमान को गहरे घने बादलों ने घेर लिया। अचानक उन्होंने देखा कि सौ गल पक्षियों का एक झुड लयात्मक गति में नीचे उतरा और भालू राजा के शरीर को शुद्ध सफ़ेद बालों से ढँकी एक खाल से ढँक दिया, जो अँधेरे में भी चाँदी की तरह चमक रही थी और सारे उपस्थितगण उसे निहारने लगे ! उन्हें अहसास हुआ कि यह वही खाल थी जो उनके महापराक्रमी भालू राजा के शरीर से मनुष्यगण उखाड़कर ले गये थे।

अपने पराक्रम, वीरता और बुद्धिमत्ता का प्रतिप्रादन कर भालू राजा वहाँ अपनी सम्पूर्ण भालू प्रजाति के सम्मुख काफ़ी समय तक खड़ा रहा, वही अपनी पुरानी मर्यादा के साथ, सुप्रसिद्ध, और सुसम्मानित। उन्होंने अपने आपको ध्रुवीय हिमखंडों के सर्वश्रेष्ठ स्वामी के रूप में बरकरार रखा। फिर सबने स्वतःस्फूर्त, सर्वसम्मति के साथ अपने झबरे सिरों को झुकाकर ध्रुवीय हिमखंडों के भालू राजा को श्रद्धाँजलि दी।

सीखः यह लोक कथा हमें सिखाती है कि सच्ची गरिमा और वीरता बाहरी दिखावे पर निर्भर नहीं करती हैं, बल्कि भीतर से आती हैं, यह एक अन्दरूनी ताक़त है। यह भी याद रखना अत्यन्त आवश्यक है कि अभिमान और धमकी भरी गालियाँ लड़ाई में ले जाने के लिए बहुत ही कमज़ोर हथियार हैं।

बिजली और गिद्ध

(चेरोकी कथा, नॉर्थ कैरोलिना)

अभी हम बिजली और गिद्ध के बारे में बात करेंगे। चेरोकी आदिवासी के लोग हमेशा कहते हैं कि सदियों से ही बादल व बिजली और बूढ़े गिद्ध पक्षी के बीच गहरी दोस्ती थी। बहुत समय पहले, एक बार बिजली ने हर तरह के जंगली प्राणियों को बुलाकर उनसे बातचीत की और सलाह-मशवरा दिया। उनमें से सारे जो ईव या चार पैरोंवाले जानवर और दो पंखोंवाले यानी उड़नेवाले पक्षी भी मौजूद थे। बातों के दौरान, बिजली ने गिद्ध की तरफ़ नज़र गाढ़कर कहा—

> "मैं तुम्हें शासक के रूप में नियुक्त करता हूँ। तुम को हर समय सारे जंगली जानवरों से मुलाक़ात करती रहनी होगी, और उनकी सारी प्रार्थनाओं का जवाब तुरन्त देना पड़ेगा। अगर तुम्हें लगता है कि सारे जंगली जानवरों को एक निश्चित जीवन-शैली यानी ढंग को अपनाना चाहिए तो तुम्हें इसी ढंग के प्रचार-प्रसार करना चाहिए और उसके प्रतिपालन के लिए उनको मजबूर करना चाहिए, सख़्त से सख़्त नियम का पालन करना चाहिए।"

इसके उपरान्त, दायित्वों की गम्भीरता को महसूस कर गिद्ध पक्षी ने एक बैठक बुलाई। दूर-दूर से भिन्न प्रकार के पक्षी आकर बैठक में शामिल हुए। जैसे ही वे पहुँचे, बैठक का शुभारम्भ हुआ और गिद्ध पक्षी ने हर एक से पूछा कि वे किस कार्य में सक्षम होने की ख़्वाहिश रखते हैं।

बटेर (क्वैल) पक्षी, किसी भी बात के बारे में पूछे जाने पर सिर नीचे कर लेता था। जब उससे सवाल पूछा गया तो शर्म के मारे उसका चेहरा लाल हो गया था। वह तुरन्त उठा और बिना कुछ बोले गिद्ध पक्षी के पास जाकर खड़ा हो गया।

"क्या आप मुझे ऐसी शक्ति दे सकते हैं कि जैसे ही कोई आदमी मुझे देखे तो तुरन्त डर के मारे मर जाये ?" बटेर पक्षी ने पूछा।

"नहीं," गिद्ध ने कहा।

"आप शारीरिक रूप से बहुत ही छोटे हैं। इसलिए मैं आपको उस तरह की क्षमता नहीं दे सकता। लेकिन हाँ, मैं आपकी इच्छा को एक दूसरी दृष्टि से देखकर पूरा कर सकता हूँ। मैं आपको यह वर दे सकता हूँ कि जब भी कोई आदमी आपकी आवाज़ को सुनेगा तो उसका कलेजा काँप उठेगा। आपकी आवाज़ बेहद कर्कश और डरावनी होगी।"

जब बूढ़े गिद्ध ने बटेर को यह बात कही तो उसने ख़ुशी से इस वर को स्वीकार किया। यही वजह है कि जब भी हम किसी बटेर की 'ईंग' सुनते हैं तो हम

सब भयभीत हो जाते हैं क्योंकि वह एक अत्यन्त भयंकर कर्कश आवाज़ निकालता है। यह वही सारी शक्तियाँ थीं जो उसे वर में मिली थी और बेफ़िक्र होकर निकालने की अनुमति भी प्राप्त थी।

उसके बाद टेरापिन (एक तरह का छोटा कछुआ) आया जो ज़मीन पर रेंगता है और बूढ़े गिद्ध की तरफ़ देखकर कहा, “मैं ज़हर पैदा करने में सक्षम जानवर बनना चाहता हूँ जो मनुष्यों को आसानी से मार सकता है। मुझे उस तरह की शक्ति की अनुमति मिलनी चाहि,।”

“नहीं,” गिद्ध ने जवाब दिया। “आप बहुत ही छोटे और धीरे चलनेवालों में से हैं।”

उसके बाद बिजली और गिद्ध के बीच एक अलग तरह का सम्मेलन का आयोजन हुआ। काफ़ी विचार-विमर्श करने के बाद गिद्ध ने अपने पुराने दोस्त बिजली को पृथ्वी के शासक के रूप में नियुक्त किया क्योंकि वह पहले से ही स्वर्ग और पूरे विश्व ब्रह्मांड का दायित्व उसके ऊपर न्योच्छावर था। एकमात्र शासक बनकर चला रहा था।

बूढ़े गिद्ध के द्वारा किया गया एक कार्य मुझे विशेषतः याद है और वह यह है कि उसने चूची (गौरैया पक्षी के परिवार का एक छोटा-सा पक्षी) जाति के पक्षियों को एक ख़ास क़िस्म की शक्ति से सम्मानित किया था। चूची पक्षी को लोगों के भविष्य के बारे में भविष्यवाणी करने की क्षमता प्रदान की गयी। यहाँ तक कि उसे लोग जहाँ रहते थे उन इलाक़ों में ही नहीं, बल्कि उनके घरों के अन्दर भी जाने की अनुमति मिली थी। अगर किसी के घरों में किसी अतिथि का आगमन सम्भाव्य था तो अतिथि के आगमन की सूचना वह पहले से ही परिवारों के लोगों तक पहुँचा दे सकता था। यह प्रक्रिया मेज़बान के घरों

के क़रीब खड़े पेड़ों पर ईंग करके यानी ख़ुशी का इज़हार करनेवाले सुमधुर गीत गाकर किया जाता है।

"क्या आप मुझे इस तरह की शक्ति प्रदान कर सकते हैं ?"—चूची पक्षी ने हिम्मत करके बूढ़े गिद्ध को पूछा था और इसलिए उसे यह शक्ति प्रदान की गयी। यही वजह है कि जब भी कोई चूची पक्षी पेड़ पर बैठकर सुन्दर गाना गाता है तो "चूची कहता है कि घर में बहुत जल्द मेहमानों का आगमन होने को है।" यही वह शक्ति है जो उन्हें अपनी क्षमता के अनुसार प्रदान की गयी थी–ऐसा चेरोकी लोगों का मानना है।

उसके बाद लाल पक्षी (रेडबर्ड) की बारी आयी। सुन्दर लाल पंखोंवाला, सुरीले कंठवाला, यह पक्षी गिद्ध पक्षी के समक्ष आकर खड़ा हुआ और बोला—

"मुझे ऐसी क्षमता प्रदान कीजिए कि लोग मुझ पर विश्वास कर पायें। जब भी बारिश होने लगे तो मैं सुमधुर गीत गाकर लोगों के विश्वास को जीत पाऊँ।"

जैसा लाल पक्षी ने चाहा, उसकी मनोवांकामना की पूर्ति हुई और उसे उसी क्षमता से नवाज़ा गया। इसलिए चेरोकी लोग मानते हैं कि जब भी वे इस पक्षी को किसी पेड़ के ऊपर गाते हुए पायेंगे इसका मतलब है कि बारिश होगी। आख़िरकार, यही शक्ति प्रदान कर उसकी मन की अभिलाषा पूर्ण की गयी थी।

क्रमशः लहटोरा (जिसे अंग्रेज़ी में श्राइक कहा जाता है) आया और कहा, "मैं एक नृत्य विशेषज्ञ बनना चाहता हूँ।" और इसलिए उसे वह शक्ति दी गयी।

सदियों साल पहले लोगों ने कहा था कि बूढ़ा गिद्ध पक्षी पृथ्वी का शासक था। लेकिन बिजली पूरे विश्व-ब्रह्मांड की स्वामिनी थी। वे दोनों एक बार फिर यह

तय करने के लिए इकट्ठे हुए कि क्या वास्तव में उनके द्वारा की गयी शक्तियों का वितरण फलप्रशु हो रहा है या नहीं।

और यही सदियों से चली आ रही कथा थी।

बेहद ज़िद्दी आदमी

(एस्किमो लोक कथा, नुड रासमुसेन द्वारा लिखित, 1921)

बहुत साल पहले उत्तरी अमेरिका के क्षेत्रों में एक बहुत ज़िद्दी व हठी आदमी रहता था। पूरी दुनिया भर में उसके जैसा ज़िद्दी दूसरा कोई नहीं था। किसी में उसके पास आने की हिम्मत नहीं थी। वह इतना ज़िद्दी था कि हर जगह वह अपना रास्ता खुद निकाल लेता था जो उसके नियमों व सिद्धान्तों के मुताबिक़ सही हो।

एक बार हुआ यूँ कि उसकी पत्नी काफ़ी शोकग्रस्त थी क्योंकि उसका छोटा बच्चा अचानक मर गया था। उस समय के समाज में प्रचलित नियमों के अनुसार उसे घर के अन्दर ही रहने के लिए बाध्य किया गया। हठी के अनुसार अज्ञानियों द्वारा बनाई गयी यही रीति उस समय प्रसिद्ध थी। हम सारे लोगों को भी ऐसी रीति-नीतियों का ही पालन करना पड़ा था जब हम सब भी उनके जैसे ही अज्ञानी थे। जब पत्नी अपने बेटे को खोने के शोक में कई दिनों तक घर के अन्दर

रोती, आकुल-व्याकुल और विह्वल होती रही, ज़िद्दी आदमी उसके पास आया और कहने लगा—

"तुम्हें मेरी कश्ती के लिए एक खाल सिलनी होगी और वह भी बहुत ही जल्द।"

"आप जानते हैं कि सामाजिक नियमों के अनुसार मुझे किसी भी तरह के घरेलु हो या सामाजिक काम करने की अनुमति नहीं हैं।" उसकी पत्नी ने जवाब दिया।

"जो भी हो तुम्हें मेरी कश्ती की खाल सिलनी है," पति ने फिर से वही बात दोहराई। "चलो, कश्ती को किनारे पर ले आओ और वहीं पर सिलाई का काम ख़त्म करो।"

इसी तरह सारे दुख-दर्द, अपने शोक सन्तप्ति के बावजूद, पत्नी अपने पति के लिए कश्ती की खाल सिलने के लिए मजबूर हुई। जैसे ही उसने सिलने का काम शुरू किया अचानक उसके धागे से छोटी-सी आवाज़ निकली और कुछ बड़बड़ाने लगी। धीरे-धीरे वह आवाज़ इतनी तेज़ हो गयी कि उसे अपने कान बन्द कर लेने की नौबत आ गयी। अचानक उसने देखा कि समुद्र के गहरे पानी में से एक राक्षस निकला जो कुत्ते के आकार में था, उसकी तरफ़ आगे बढ़ने लगा और कहने लगा,

"तुम क्यों सिलाई कर रही हो, तुम तो अभी भी बेटे को खोने के शोक में से नहीं उभरे हो ?"

"मेरे पति मेरी बातें नहीं सुनते। चूंकि वे बहुत ज़िद्दी हैं, मुझे ही उसकी सारी बातें माननी पड़ती हैं।"

तभी शक्तिशाली कुत्ता रूपी राक्षस किनारे पर उछला और हुंकारता हुआ उसके पति पर गिर पड़ा। परन्तु ज़िद्दी आदमी अपने कर्मों से बिल्कुल भी लज्जित नहीं हुआ। हमेशा की तरह इस परेशानी से निपटने का रास्ता ढूँढ़ने लगा। उसे अपने आप पर सम्पूर्णतः विश्वास था और कुत्ते के साथ युद्ध करने का फ़ैसला किया। दोनों के बीच घमासान लड़ाई हुई और आख़िर उसने कुत्ते को ख़त्म कर डाला। उसके बाद कुत्ते के मालिक का आविर्भाव हुआ जो चन्द्रमा का निवासी (मून मैन) निकला। ग़ुस्से के मारे आँखें लाल कर वह भी ज़िद्दी आदमी पर झपट पड़ा। परन्तु हठी भी हार माननेवालों में से नहीं था और बदले में उसने भी चन्द्रमा के निवासी पर आक्रमण किया। उसके गले को जकड़ा और अत्यन्त बुरे तरीक़े से घोंटना शुरू कर दिया।

"अगर तुम मेरा गला घोंटोगे तो समुद्र में कभी लहरों का प्रवाह नहीं होगा (ebb-tide) और अचानक समन्दर में तूफ़ान नहीं उठेगा या नदियों में पानी नहीं बहेगा।" चन्द्रमा के निवासी ने कहा। लेकिन हठी ने उसकी बातों की बिल्कुल परवाह नहीं की, केवल कसकर उसके गले को पकड़े रखा।

"अगर तुम मेरा इस तरह गला घोंटोगे तो सील (जलव्याघ्र) की नस्ल कभी आगे नहीं बढ़ेगी। हमेशा-हमेशा के लिए ख़त्म हो जायेगी।" चन्द्रमा के निवासी ने फिर से रोकर बोला। लेकिन हठी अड़ियल को उन सारी बातों की भी कोई परवाह नहीं थी। हालाँकि चन्द्रमा के निवासी ने उसे बीच-बीच में अत्यन्त धमकाने की भी कोशिश की।

"अगर तुम मुझे मार डालोगे तो पृथ्वी पर कभी भोर नहीं होगी, दिन का उजाला कभी नहीं होगा। सुबह की रोशनी और चाँदनी की चमक से लोग सदा के लिए वंचित हो जायेंगे।" आख़िर में चन्द्रमा के निवासी ने कहा।

तब जाकर ज़िद्दी आदमी थोड़ा झिझकने लगा, उसे हमेशा के लिए अँधेरे में रहने का विचार बिल्कुल नहीं भाया और आख़िर में न चाहते हुए भी चन्द्रमा-निवासी को छोड़ दिया। उसके बाद चन्द्रमा-निवासी ने एक ही फूँक से अपने खूँखार कुत्ते को पुनर्जीवित कर अपने पास बुलाया और तुरन्त अपने सारे साथियों को लेकर उस जगह को छोड़ने के लिए तैयार हो गया। कुत्तों को एक एक करके आसमान की तरफ़ हवा में उछाला। फिर वे कभी नीचे धरती की तरफ़ नहीं आये/उतरे। अन्त में कुत्तों की पूरी फौज ने मिलकर बर्फ़ पर चलनेवाली एक स्लेज गाड़ी बनायी और फिर कुत्तों की टोली बनकर एक साथ हवा में मँडराने लगी।

"क्या मैं तुमसे चाँद पर मिलने के लिए आ सकता हूँ ?"—हठी ने पूछा। अकस्मात उसे चाँद पर जाने की अत्यन्त इच्छा जन्मी।

"हाँ, अगर तुम चाहो तो आओ हमारे साथ," चन्द्रमा के निवासी ने कहा।

"परन्तु तुम्हें अत्यन्त सावधानी बरतनी होगी। हमारे मार्ग में जब भी तुम्हें कोई खड़ी चट्टान दिखी तो सतर्क रहना होगा। उसके ऊपर से नहीं किनारे से गुज़रने की कोशिश करना। अगर तुम कभी दिन के उजाले में सूरज की धूप से चमकती चट्टानों के ऊपर से गुज़रे तो उसके विशाल पत्थरों के खंडों से तुम्हारा हृदय टुकड़े-टुकड़े हो जाने की सम्भावनाएँ ज़्यादा हैं।"

उसके बाद चन्द्रमा के निवासी ने कुत्तों की पीठ पर चाबुक चलाई और देखते ही देखते बादलों से भरपूर खुले आसमान में अपनी स्लेज सहित सबके सब ग़ायब हो गये। अब हठी को दिन-रात चन्द्रमास्थल पहुँचने की ही चिन्ता होने लगी और अपने इस नये जीवन-यात्रा की तैयारी करने लगा। उसने अपने कुत्तों को घर के अन्दर रखने का एक नया रिवाज़ बनाया। इसलिए उनकी चमड़ी में बालों के अन्दर धूल-मिट्टी और गन्दगियों की एक मोटी परत जमा

हो गयी थी। हठी ने सारे कुत्तों को ले जाकर समुद्र के पानी में फेंका ताकि वे फिर से साफ़ सुथरा दिखें। इतने दिनों तक घर के अन्दर रहने के कारण कुत्ते घर के आदी हो चुके थे और उन्हें बाहरी ठंड के वातावरण में सामंजस्य स्थापित करना मुश्किल हो गया था। इसलिए ज़्यादातर कुत्ते समुद्र के बर्फीले पानी से लगभग जम कर मर चुके थे। दो-चार जो बचे वे भी ठंड के मारे कांपते हुए इधर-उधर भाग गये। जैसे ही उनमें से एक को पकड़ने में हठी कामियाब हुआ और उसने उसे हवा की तरफ़ उछालकर फेंका यह सोचकर कि चंद्रमा के निवासी की तरह वह भी उड़ने लगेगा। लेकिन उसकी इच्छा के विपरीत, कुत्ता फिर से ज़मीन पर धड़ाम से गिर गया। ऐसे ही उसने एक दूसरे कुत्ते को पकड़कर वही किया लेकिन वह भी स्लेज बनाने के लिए उड़ने में नाकाम रहा। तीसरे के साथ भी वही हुआ। तीनों के तीनों कुत्ते अभी भी काफ़ी गन्दे और कमज़ोर दिख रहे थे।

हठी इतनी जल्दी हार माननेवालों में से नहीं था। एकबार फिर से उसने तीनों को समुद्र के गहरे ठंडे पानी में फेंक दिया। जब उन्होंने दूसरी बार उन्हें हवा में उछालने की कोशिश की तो तीनों कुत्ते इस बार वहीं पर रुक गये। अब उसने अपने हाथों से एक स्लेज़ गाड़ी बनायी। अपनी ज़रूरत की चीज़ों को उसमें डाला और उड़ने लगा। लेकिन जैसे ही वह मार्ग में खड़ी चट्टान के निकट आया तो उसे चन्द्रमा के निवासी द्वारा किनारे से गुज़रने का सुझाव याद आया। लेकिन उसने मन ही मन सोचा और अपने आप को कहा—

'मैं इस चट्टान के किनारे से होकर क्यों गुज़रूं ? मुझे चमकीले हिस्सों मे से जहाँ पर सूरज की रोशनी पड़ती रहती है, गुज़रना चाहिये।'

जब वह चट्टानों के पास आया तो उसने एक औरत को ढोल के गीत गाते हुए सुना। वह अपनी छुरी को पत्थरों पर रगड़ती हुई गाना गा रही थी। वह लगातार गाती रही फिर भी लोहे की छुरी को उसके साथ-साथ गुनगुनाते

हुए सुना। जैसे ही उसने बूढ़ी औरत पर क़ाबू पाने की कोशिश की, उसने अचानक अपना होशो हवास खो दिया। जैसे ही सुधबुध वापस आयी तो उसने महसूस किया कि उसका दिल अपने शरीर से ग़ायब हो चुका था।

"अगर मैं दूसरे रास्ते यानी चट्टानों के पीछे से होकर गुज़रता तो शायद ऐसी मुसीबत न आती।"

हठी ने मन ही मन सोचा और आख़िरकार, चट्टानों के पीछे छायादार क्षेत्रों में से होकर गुज़र गया। जब वह चन्द्रमा की भूमि पर पहुँचा तो उसने मून मैन को बताया कि कैसे चट्टानों के चमकीले हिस्से से गुज़रने की कोशिश में उसे अपना दिल खोना पड़ा था। मून मैन ने ज़मीन पर सील की एक बड़ी काली रंग की खाल बिछाई और ज़िद्दी को अपनी पीठ के बल सम्पूर्णतः लेटने का सुझाव दिया। ज़िद्दी ने भी वही किया और हाथ-पाँव फैलाकर लेट गया। उसके बाद मून मैन ने चट्टानों के ऊपर बैठी हुई औरत से हठी के दिल को प्राप्त किया और फिर उसे हठी के सीने में भर दिया।

जब हठी वहाँ रहा तो एक दिन मून मैन ने फ़र्श में से एक पत्थर को निकाला और हठी को नीचे पृथ्वी की तरफ़ देखने के लिए कहा। नीचे उसकी पत्नी को एक बेंच पर बैठे, धागे के लिए नसें plaiting sinews for thread बाँधते हुए देखा। हालाँकि वह अभी भी शोकग्रस्त थी। अपने छोटे बेटे की मौत का शोक अभी भी उसे खाए हुए था। हठी ने देखा कि अपनी पत्नी के शरीर में से एक घने धुएं की लड़ी ऊपर की तरफ़ उठी जो उसके हृदय से निकली बुरे विचारों यानी अमंगल भावनाओं से निकली हुई आह थी। चूँकि उसे अपने पुत्र की मृत्यु के पश्चात नियमानुसार निर्धारित शोक की समय सीमा के बीतने से पहले ही काम पर लग जाने की दुश्चिन्ता थी। हठी अपनी पत्नी पर काफ़ी क्रोधित हो गया, यह भूलकर कि इसकी वजह वह स्वयं था। उसने ही उसे यह काम ख़त्म करने के लिए मजबूर किया था।

चन्द्रमा की भूमि पर कुछ दिन गुज़ारने के बाद एक दूसरे दिन मून मैन ने प्रवेश द्वार में से एक पत्थर को हटाकर हठी को नीचे झाँकने के लिए कहा। उसने देखा कि वह जगह वालरस जन्तु जिसे दरियाई घोड़ा कहा जाता है, से भरी हुई था। वहाँ इतने सारे वालरस थे कि उन्हें एक के ऊपर एक को लेटना पड़ा था।

"ऐसे खूँखार जानवरों का शिकार करने का मज़ा ही कुछ और है।" मून मैन ने कहा।

हठी ने भी इतने सारे वालरसों में से एक को काँटेदार बर्छी (मत्स्यभाला) से पकड़ने की इच्छा प्रकट की।

"लेकिन आपको ऐसा नहीं करना चाहिए। आप ऐसा कर ही नहीं सकते हैं।"—मून मैन ने उत्तर दिया। साथ ही अपने हिस्से में से एक टुकड़ा देने का वादा भी किया जो अभी-अभी उसने शिकार किया था। लेकिन हठी आदमी ऐसे प्रस्ताव से ख़ुश होनेवालों में से नहीं था। स्वभावतः ऐसे प्रस्ताव उसके लिए भिक्षा के रूप में मिला उपहार स्वरूप था और उसने इस प्रस्ताव को उसके मुँह पर ठुकराया। फिर मून मैन के हथियारों के औज़ारों में से एक बर्छी को उठाया और एक वालरस पर हमला किया। मरे हुए वालरस को लाकर नीचे रखे गये शिकारों के साथ ज़मीन पर रखा। हठी वाकई में एक बड़ा शक्तिशाली आदमी था और साथ ही बड़ा ज़िद्दी भी। तभी वह इतने भयंकर वालरस जैसे जानवर का शिकार करने में भी कामयाब रहा। ऐसे ही वह हमेशा दूसरों के साथ भी बर्ताव करता रहा।

चन्द्रमा के स्थल पर से लौटने के बाद, उन्होंने हठ करना बिल्कुल छोड़ दिया। साथ ही शोक में रहते समय अपनी पत्नी को फिर से कभी काम करने के लिए मजबूर नहीं किया।

पहली स्ट्रॉबेरी

(बारबरा शाइनिंग वुमन वॉरनो द्वारा पुनःकथित)

दुनिया के शुभारम्भ में, गा इव ला दि ए हि ने पहले आदमी और पहली औरत की सृष्टि की थी। दोनों ने साथ मिलकर किसी घने जंगल के अन्दर मोटी लकड़ियों से एक सुन्दर घर बनाया और हँसी ख़ुशी वहाँ रहने लगे। एक साथ दोनों हमेशा बहुत ख़ुश थे, लेकिन प्रकृतिवश जैसे सारे इनसान कभी-कभी करते हैं, वे भी आपस में एक-दूसरे से बहस करने लग गये।

अन्ततः पहली औरत को अपने आदमी पर इतना गुस्सा आया कि उसने सब कुछ छोड़-छाड़ दिया और कहने लगी, “मैं घर से निकल रही हूँ और यहाँ तुम्हारे पास फिर कभी वापस नहीं आऊँगी।” उस क्षण पहले आदमी ने अपनी औरत की बातों पर कुछ भी ध्यान नहीं दिया। घर से निकलकर पहली औरत जंगलों के बीचो-बीच में से होकर पूर्व दिशा की तरफ़ चलने लगी और उसने दुबारा अपने घर की तरफ़ मुड़कर भी नहीं देखा।

जैसे-जैसे सूरज ढलने लगा, आदमी को अपनी पत्नी की चिन्ता होने लगी। अन्त में, उसने भी उसी रास्ते की तरफ़ आगे बढ़ने को सोचा। अपनी पत्नी की तलाश में आदमी उसी रास्ते पर चल पड़ा। जब घने जंगलों के बीच में

से होकर आदमी गुज़र रहा था तो सूरज ने नीचे की तरफ़ देखा तो वह दिखाई पड़ा। सूरज को उस पर दया आयी।

"क्या तुम अभी भी अपनी पत्नी से नाराज़ हो ?" सूरज ने पहले आदमी से पूछा।

"बिल्कुल नहीं।" आदमी ने जवाब दिया।

"क्या तुम अपनी पत्नी को वापस लाना चाहते हो?" सूरज ने फिर से पूछा।

"हाँ।" पहले आदमी ने तुरन्त अपनी पत्नी को वापस लाने के लिए सहमति जताई।

सूरज ने देखा कि पहली औरत अभी तक गुस्से में पहाड़ी इलाक़ों के रास्तों पर चल रही है। उसे रोकने ले लिए व मन को लुभाने के लिए सूरज ने उसके पाँवों तले सुन्दर ब्लूबेरी उगाईं। हालाँकि सारी की सारी ब्लूबेरी काफ़ी मोटी और मीठी थीं लेकिन पहली औरत ने ग़ुस्से के मारे उस पर बिल्कुल ही ध्यान नहीं दिया और लगातार पश्चिम दिशा की ओर जानेवाले रास्ते पर चल पड़ी।

एक बार फिर से सूरज ने औरत को लुभाने व मनाने की कोशिश की। इस बार सूरज ने औरत के पैरों तले रसीली राजबेरी (रसभरी) उगाईं, फिर भी औरत

को रोकने में नाकाम रहा। यहाँ तक कि उसने नीचे ज़मीन की तरफ़ एक क्षण के लिए भी नहीं देखा और निरन्तर पश्चिम दिशा की ओर चलती रही।

अन्त में पहली औरत का ध्यान आकर्षित करने के लिए सूरज ने पहली बार एक ऐसे पौधा को उगाया जो पहले कभी इस पृथ्वी पर नहीं उगा था। पौधे ने पहली औरत के सामने की ज़मीनों को ढंक दिया। अचानक उसे एक ऐसी सुगन्ध ने आकर्षित किया कि जिसे उसने पहले कभी महसूस नहीं किया था। वह खुद-ब-खुद रुकी उसकी आँखें नीचे अपने पैरों की ओर झुकीं। उसे ध्यान आया कि उसके पूरे रास्ते में हरी पत्तियों वाले एक चमकीले क़िस्म के पौधे उगे हुए थे। पत्तों के बीच, छोट-छोटे सफ़ेद फूलों के संग सबसे बड़े स्वादिष्ट लाल रंग के जामुन लगे हुए थे जो उसने पहले कभी नहीं देखे थे। पहली औरत ने एक फल को लेने के लिए रुकी।

“आह! इतना स्वादिष्ट और ख़ुशबूदार!” ख़ुद-ब-ख़ुद उसके मुँह से निकल आया। उसने पहले कभी भी इस तरह से कुछ भी चखा नहीं था। उसके लिए यह स्वाद अत्यन्त मीठा व लुभानीय/ ग़ज़ब था।

जैसे ही पहली औरत ने स्ट्रॉबेरी खायी, उसका ग़ुस्सा कम होने लगा। उसने अपने पति के बारे में सोचा कि कैसे वे दोनों ग़ुस्से के कारण अलग हुए। अब घने जंगलों के बीच उसे अपने पति की कमी महसूस होने लगी और अपने घर वापस आने को चाही।

घर वापस आने से पहले उसने कुछ स्ट्रॉबेरी इकट्ठा करना शुरू किया। जब उसे अहसास हुआ कि अब उसके पास उस मात्रा में स्ट्रॉबेरी इकट्ठे हो गये जिसे वह अपने हाथों से उठाकर ले जा सकती है, वह पूर्व दिशा की तरफ़ मुड़ी। उसने उस रास्ते पर चलना शुरू कर दिया जिधर से होकर वह यहाँ पहुँची थी।

जल्द ही से अपने पति से मुलाक़ात हुई। एकसाथ दोनों ने स्ट्रॉबेरी बाँटे, खाये और हाथ में हाथ डालकर फिर अपने लॉज की तरफ़ चलने लगे।

चेरो की भाषा में स्ट्रॉबेरी को 'एनी' कहते हैं। पुराना चेरोकी राष्ट्र के समृद्ध तराई क्षेत्रों को स्ट्रॉबेरी और अन्य जंगली फलों की प्रचुरता तथा उपलब्धता के लिए ख्याति प्राप्त था। आज भी अक्सर चेरोकी के घरों में स्ट्रॉबेरी पाया जाता है जो सौभाग्य के प्रतीक के रूप में इस्तेमाल किया जाता है। यह फल हमेशा यही सन्देश देता है कि कभी भी बहस नहीं करनी चाहिए।

लँगड़ा योद्धा और कंकाल

(अरापहो आदिवासी की कथा, कोलोराडो और व्योमिंग)

बहुत दिन पहले की बात है जब घोड़ों को वाहन के रूप में इस्तेमाल करने से भी पहले के दिनों की बात, तब अमेरिका के प्रसिद्ध अरापहो आदिवासियों के लोग कोलोराडो और व्योमिंग के मैदानी क्षेत्रों में ही ज़्यादा व्याप्त थे। किसी एक शरद ऋतु की एक सुबह इस आदिवासी का एक युवा दल और उनमें से कुछ निडर योद्धा अपने इलाक़ों की सीमाओं के पश्चिमी पहाड़ी जंगलों में शिकार की तलाश में पैदल चल दिये। साथ ही वे खाद्य पदार्थों व भोजन-सामग्रियों के भारी भरक़म थैले, बोरिया-बिस्तरों के अतिरिक्त अनेक मोकैसिन यानी खाल की चप्पलें भी साथ में लेकर चले थे। कई दिन ऐसे ही चलते-चलते एक दिन जब वे एक ऊँची चट्टानों के बीच में से होकर गुज़र रहे थे तो उन्होंने सामने एक पथरीले बिस्तर के ऊपर से उथले झरने के पानी के तेज़ प्रवाह को देखा जो शीशे की तरह साफ़ था। जैसे ही वे स्रोत को पार करने लगे तो अचानक एक युवा योद्धा को अपने टखने में भयंकर दर्द महसूस हुआ। देखते ही देखते टखने में सूजन आ गयी और जब उन सबने रात को ठहरने के लिए शिविर लगाया तब तक दर्द उसकी बर्दाश्त से काफ़ी बाहर निकल गया था।

दर्द के मारे पूरी रात वह कराहता रहा और पल भर के लिए भी उसकी आँखें न झपकीं। अगली सुबह योद्धा का टखना इतनी बुरी तरह से सूज गया था कि वह लँगड़ाकर चलने की कोशिश में भी नाकाम रहा। उसके लिए दूसरों के साथ यात्रा जारी रखना असम्भव हो गया था। इसलिए उसके दूसरे साथियों ने तय लिया कि उसे छोड़कर जाना ही सबसे बेहतर होगा ताकि वह आराम कर पाये। उन सबने विलो जैसे पर्णपाती पेड़ों की लताओं जो उन क्षेत्रों में ज़्यादातर पायी जाती हैं और झाड़ियों तथा लम्बी-लम्बी घासों को जो मुख्यत: उत्तरी गोलार्ध के ठंडे और समशीतोष्ण क्षेत्रों में नर्म मिट्टी पर उगती हैं, काटकर उसके लिए एक झोंपड़ी, पनाहगाह के रूप में बनायी, एक छोटा-सा आश्रय गृह बनाकर तैयार किया ताकि वह आराम कर पाये। जैसे ही पनाहगाह बनकर ख़त्म हुआ तो उन्होंने सूखी लकड़ियों का ढेर एकत्रित किया ताकि वह लगातार एक आग जलाकर रख पाये और इन बर्फ़ीली इलाक़ों में अपने आप को गरम कर रख सके।

"जैसे ही तुम्हारा टखना ठीक हो जाता है," उन सबने कहा, "हमारा अनुसरण करने की कोशिश मत करना। सीधा गाँव की तरफ़ वापस जाना और वहीं हमारी वापसी का इन्तज़ार करना।" ऐसा कहकर सारे शिकारियों ने आगे के लिए प्रस्थान किया और लगड़ा योद्धा झोंपड़ी के अन्दर लेटे रहा।

कई एकाकी और निर्जन दिनों के अन्त, एक दिन लँगड़े योद्धा ने बाहर निकलने का निश्चय किया। खड़े होकर अपने टखने का परीक्षण किया,

लेकिन जल्द ही उसे अहसास हुआ कि यह अभी भी चलने के लिए बहुत कमज़ोर था। जैसे ही दोनों पैरों पर खड़ा हुआ उसे फिर से काफ़ी दर्द महसूस हुआ और अपने आपको रोक न सका। धड़ाम से ज़मीन पर गिर पड़ा। फिर एक रात भारी-भयंकर बर्फ़ीली आँधी आयी। पूरी रात हिमपात हुआ और सुबह तक लगातार तेज़ रफ़्तार में पाले पड़ते रहे। जैसे ही सवेरा हुआ, हिमकणों ने धरती पर सफ़ेद रंग का चादर बिछा दिया हो। चारों तरफ़ के नज़ारों को देखकर उसके मन में काफ़ी प्रसन्नता पैदा हुई लेकिन तुरन्त ही भय और आशंकाओं ने हलचल मचा दी। इस बर्फ़बारी ने तो यूँ कहिये कि उसे पनाहगाहरूपी झोंपड़ी के अन्दर कैद कर दिया। चूँकि वह किसी भी जंगली जानवर को मारने में असमर्थ था, इसलिए खाद्य-पदार्थों की आपूर्ति लगभग समाप्त हो गयी थी।

एक शाम को उसने भैंसों के एक बड़े झुड को अपनी झोंपड़ी से कुछ ही दूर/ बिल्कुल क़रीब बाहर ज़मीन पर पड़ी बर्फ़ में से उगती हरी घासों को खाते हुए देखा। तुरन्त उसने अपने धनुष और तीर निकाले और झुड में से सबसे मोटे भैंस को अपना शिकार बनाया। तीर चलाकर ज़मीन पर धड़ाम से गिरा दिया। फिर वह पेट के बल रेंगता हुआ झोंपड़ी से बाहर निकला। पहले भैंस की चमड़ी निकाली और मांस के बड़े-बड़े टुकड़े कर अन्दर ले आया। आग जलाई और बदन को सेंक लिया। उसके बाद मांस का एक बड़ा-सा टुकड़ा पकने के लिए आग के अंगारों के ऊपर रख दिया।

जब तक मांस का टुकड़ा अच्छे तरीक़े से पक गया था तब तक रात हो चुकी थी, चारों तरफ़ अंधेरा छा गया था। भूख के मारे पेट अकड़ने भी लगा था। जैसे ही लँगड़ा शिकारी मांस का एक टूकड़ा मुँह में डालने के लिए आगे झुका तो उसे ज़मी हुई बर्फ़ पर किसी के क़दमों की आहट सुनाई दी। धीरे-धीरे, वह आहट लगातार उसकी तरफ़ बढ़ती रही और झोंपड़ी के पत्तोंवाले दरवाज़े के सामने आकर रुक गयी। "कौन हो सकता है?" उसने अपने आप को कहा।"

यहाँ मैं अकेला हूँ और भाग-दौड़ करने में असमर्थ हूँ। लेकिन हाँ, ज़रूरत पड़ने पर अपनी रक्षा ख़ुद कर सकता हूँ।" एक बार फिर उसने अपने धनुष और वाण के लिए हाथ आगे किये।

एक क्षण बाद, जैसे ही पत्तोंवाला दरवाज़ा खुल गया अचानक, एक नर कंकाल गले से नीचे तक टँगी हुई काली पोशाक पहनकर लँगड़े योद्धा की तरफ़ देखते हुए खड़ा हो गया। पोशाक गर्दन पर कसकर बँधी हुई थी और इसलिए खपड़ी के ऊपर का हिस्सा और कंकाल के पैरों के नीचे का हिस्सा ही दिखाई दे रहा था। कंकालरूपी भूत की इस अजीब आकृति को देखकर योद्धा भयभीत हुआ और उसने अपनी नज़र इससे हटाने की कोशिश की।

"तुम्हें मुझसे डरने की कोई ज़रूरत नहीं।" कंकाल ने अपने मुँह से एक कर्कश आवाज़ निकाली और कहा, "मुझे तुम पर दया आ रही है। अब तुम मुझ पर एक दया करो। मुझे उन भुने हुए मांस के टुकड़ों में से एक टुकड़ा दो, क्योंकि मैं बहुत दिनों से भूखा हूँ।"

अपनी झोंपड़ी के अन्दर की इस अप्रत्याशित मेहमान की उपस्थिति से मानो अपके पाँव तले से ज़मीन खिसक गयी हो। फिर भी उसने अपने आप को सँभालकर मांस का एक बड़ा-सा टुकड़ा कंकाल की ओर आगे बढ़ा दिया और तुरन्त हड्डी रूपी हाथ ने उसे पकड़ लिया। वह देखकर हैरान हो गया कि कंकाल अपने दाँत विहीन मसूड़ों के ज़रिये ही भैंस के मांस को पल भर में चबा-चबाकर निगल गया।

"मैं वही हूँ जिसने तुम्हें अपने टखने में दर्द दिया था," कंकाल ने कहा। "तुम्हारे टखने में मोच आने की वजह, सूजने का कारण मैं ही हूँ और मैंने ही यह सबकुछ जान बूझकर किया था ताकि तुम अपने साथियों के साथ शिकार का सिलसिला ज़ारी न रख पाओ। अगर तुम उस दिन उन सबके साथ चले

जाते तो तुम्हारी हालत भी उन सब की तरह होती और वह है डरावनी मौत। जिस दिन वे सब तुमको यहाँ छोड़कर आगे बढ़े, उसी दिन उन पर दुश्मनों का हमला हुआ, और तुम्हारे सारे के सारे साथियों की हत्या की गयी। मैं वही आत्मा हूँ जिसने तुम्हारी जान बचाई।"

एक बार फिर कंकाल का दायाँ हाथ आगे उसकी तरफ़ बढ़ा लेकिन इस बार योद्धा के टखने को रगड़ने के लिए। जैसे ही उसकी ठंडी उँगलियों का स्पर्श हुआ लँलड़े योद्धा के टखने से दर्द और सूजन एक ही बार में ग़ायब हो गया।

"अब तुम फिर से चल सकते हो।" कंकाल रूपी भूत ने कहा। "तुम्हारे दुश्मन चारों तरफ़ घूम रहे हैं, लेकिन अगर तुम मेरा पीछा करोगे तो मैं तुम्हें सुरक्षित जगह, तुम्हारे गाँव तक वापस ले जाकर स्वस्थ पहुँचा सकता हूँ। जब तक मेरे साथ रहोगे, तुम्हारा कोई बाल भी बाँका नहीं कर सकता।"

दूसरे दिन, भोर के समय ही दोनों ने झोपड़ी छोड़ी और कंकाल बर्फ़ों के बीच रास्ता बनाता हुआ आगे की तरफ़ बढ़ रहा था तो योद्धा उसका अनुसरण कर पीछे-पीछे मन्त्रमुग्ध-सा चल रहा था। वे दोनों कभी ऊँची पहाड़ियों पर गहरे जंगलों के बीच से होकर गुज़रे तो कभी बर्फ़ीली झरनों की धाराओं के संग-संग चलते रहे। शाम तक कंकाल योद्धा को एक खड़ी चट्टान के शिखर तक ले चला। जब योद्धा शिखर तक पहुँचा तो कंकाल रूपी भूत अचानक वहाँ से ग़ायब हो गया। तभी नीचे घाटियों में बसे उसके अपने अरापहो गाँव में बसे अपने ही लोगों की टीपियों व तम्बुओं से निकलते धुएँ को देखकर उसे बहुत सन्तुष्टि मिली।

नदी की आत्मा

(लाम्बी आदिवासी की प्रेम कथा, नॉर्थ कैरोलिना)

अमेरिकी लोक समाज में ख़ासकर नेटिव अमेरिकन यानी रेड इंडियन आदिवासियों में ऐसी कुछ लोक कथाएँ प्रचलित हैं जिसमें खोयी हुई कथाओं व किंवदंतियों के बारे में, क्रो (कौआ) भगवान के द्वारा चुनी गयी यानी कृपा प्राप्त कई अनेक आदिवासियों के बारे में बहुत ही कम सुनने को मिलता है। किसी विशेष कारणवश, सम्भवतः एक अप्रत्याशित डर भावना और एक प्रकार के शासकीय दबाव या अधिकारी के दबाव के कारण इन कथाओं को सुनाने पर एक अनिच्छा प्रकट की जाती है या कभी नहीं सुनाया गया है। शायद, यही कारण है कि ऐसी कथाओं के अन्त में हमेशा एक याचना का स्वर अभिव्यक्त होता है ताकि इन जातियों व आदिवासियों के बूढ़े बुजुर्ग अपनी विशिष्ट कथन शैली को शामिल कर ऐसी कथाओं को रोचात्मक बनायें। उन सब में से यह एक कथा है नदी की आत्मा, ब्रेवहार्ट और टस्कारोरा की प्रेम कथा। ब्रेवहार्ट लाम्बी आदिवासी का एक बहुत ही

सुन्दर युवा योद्धा था। एक दिन, वह नॉर्थ कैरोलिना राज्य के लम्बर नदी के किनारे किसी विशेष कारणवश घूम रहा था। उस समय टस्कारोरा नामक रेड इंडियन जाति सम्पूर्ण उत्तरी-पूर्व अमेरिकी आदिवासियों में बहुत मजबूत और शक्तिशाली थी और उन्हें नॉर्थ कैरोलिना इलाक़े में काफ़ी बड़ी सफलता मिल चुकी थी। यहाँ तक कि ईरोक्वा आदिवासी भी धीरे-धीरे उनकी परवाह करने लगी जो उस समय पूरे उत्तरी-पूर्वी अमेरिकन क्षेत्रों में तहलका मचा रही थी और दूसरी नेटिव इंडियन आदिवासियों पर अपना अधिकार जमा चुकी थी। टस्कारोरा के बढ़ते शौर्य को देखकर ईरोक्वा आदिवासी उन्हें ध्यान देने के साथ-साथ सम्मान भी करने लगी थी जैसे ही वे टस्कारोरा के साथ शामिल हुई लेकिन टस्कारोरा आदिवासी को अकेले, स्वाधीन रूप से रहना ही पसन्द था और यही उनकी एकमात्र चाह थी सिवाय कि किसी के साथ हो ले।

एक दिन एक युवा सुन्दर टस्कारोरा लड़की लम्बर नदी में स्नान कर रही थी, उस जगह पर जिसे वर्तमान समय में बोर्डमैन टाउन नाम से जाना जाता है। उस सुन्दर लड़की का नाम था अर्ली सन। ब्रेवहार्ट ने उसे देखते ही सोचा, "कितनी प्यारी लाम्बी युवती है और उसके चेहरे पर कितनी रौनक है।" नदी के किनारे पर टहलते समय युवती ने भी उस पर दृष्टि डाली और अचानक उसके मन में भी यही सोच उत्पन्न हुई। उसने मन ही मन कहा कि 'यही मेरे सपनों का योद्धा बनेगा और मेरे जीवन का एकमात्र संरक्षक होगा।' और जैसा सोचा था सब वैसा ही हुआ। जिस दिन वे दोनों पहली बार मिले उसी दिन से वे बार-बार नदी के किनारे मिलते रहे और देखते ही देखते अन्तरआत्मा में सदा के लिए दोनों एक-दूसरे के जीवन के अनन्त साथी बन गये। तत्पश्चात, अर्ली सन ने निर्णय लिया कि वह केवल ब्रेवहार्ट की ही होकर रहेगी और लाम्बी विश्वास के अनुसार एकांगी सम्बन्धों में ही बंधकर जीवन बितायेगी। साथ ही, दूसरे रिश्तोंवाले प्रस्तावों को ठुकराकर व नकार कर तन मन से सदा के लिए ब्रेवहार्ट की ही होकर रहेगी।

एक गर्मी के दिन जब ब्रेवहार्ट और अर्ली सन नदी के किनारे शुद्ध सफ़ेद रेत पर लेटे हुए थे तो अचानक उन्हें एक काला कौआ नज़र आया। देखते ही देखते वह कौआ बायीं ओर आसमान की तरफ़ उड़कर तुरन्त ही नीले गहरे बादलों में ग़ायब हो गया। ठीक उसी स्थान पर एक चमकीले श्वेत रंग के भगवान प्रकट हुए तो घबराकर दोनों ने अपनी चीज़ों को इकट्ठा कर नहाने के लिए लाए दूसरे सामान वगैरह बाँधे और वहाँ से चले गये। उन्हें कुछ ऐसा महसूस हुआ कि जल्दी ही एक तूफ़ान आनेवाला था और इसी कारण ब्रेवहार्ट अर्ली सन को लेकर बहुत दूर तक चला गया। जब तूफ़ान नदी के किनारे पर पहुँचा तो हवाएँ तेज़ होकर बिजली कड़कने लगी और मोटे-मोटे ओलों से चारों ओर भर गया था। इससे पता चल गया कि कौए ने उन्हें समय पर बख्श दिया था और तब से ब्रेवहार्ट ने निश्चय किया कि वह हमेशा इस कौए का अनुसरण कर अपने कामों को अंजाम देंगे।

धीरे-से उसे यह अवगत हुआ कि अर्ली सन को एक बच्चा, एक बेटा होनेवाला है लेकिन जिस दिन बच्चे का जन्म हुआ उस दिन ब्रेवहार्ट अर्ली सन के साथ नहीं हो सका। उसे दक्षिणपूर्वी वुडलैंड्स की स्वदेशी जाति चेरोकी के एक समूह के साथ संघर्ष में रहना पड़ा था। यह कहा जाता है कि उस संघर्ष में न केवल ब्रेवहार्ट मारा जाता है बल्कि जिस दिन अर्ली सन को एक बेटे की माँ बनने का सौभाग्य प्राप्त हुआ, दोनों के प्रेम के प्रतीक जब एक बेटे की महिमा की प्राप्ति हुई ठीक उसी दिन उसने अपने जीवन साथी को हमेशा-हमेशा के लिए खो दिया था। उसकी अन्तरआत्मा सचमुच टूटकर बिखर गयी थी और उसने अपने धनुष के तीर को तोड़कर टुकड़े-टुकड़े कर दिये थे और तब से समस्त लाम्बी आदिवासी के लिए यह टूटी हुई तीर टूटे हुए दिल का एक

प्रतीक बन गया था। यह सोचकर उसे बड़ा दर्द हुआ कि अब से वह केवल अपने सपनों में ही ब्रेवहार्ट को देख सकती है और अपने प्यार को साझा कर सकती है।

एक दिन, गोरे लोगों का एक समूह स्थानीय आदिवासियों की अनुमति बिना वहाँ बसने आया और उस भूमि पर अपना क़ब्ज़ा जमाने लगा। थोड़े दिनों में ही उस समूह ने पहाड़ी आदिवासियों की ख़ुशहाल ज़िन्दगी में, सुख-शान्तिपूर्ण जीवन में त्रास मचा दी। उन्होंने कई लाम्बी लड़कियों का बलात्कार किया और कई पुरुषों और बच्चों को बेवजह मौत की नींद सुला दिया। अर्ली सन ने भी अपनी पहली सन्तान को इसी तबाही में खोया और साथ ही साथ गोरे पुरुषों के दलों के हाथों लगातार तीन बार बलात्कार की शिकार हुई। आँसुओं से लथ-पथ जैसे-तैसे उसने नदी के किनारे तक का रास्ता ढूँढ़ निकाला और उसके बगल स्थित जगह पर पहुँची जो आज बोर्डमैन टाउन नाम से जाना जाता है। वहाँ नदी के किनारे सफ़ेद बालुओं पर लेटी हुई कई दिनों तक वह आसमान रूपी स्वर्ग की ओर देखकर रोती रही। उसने खाना-पीना पूरी तरीक़े से छोड़ दिया था। यहाँ तक कि जंगली बेरों को भी मुँह में डालने से इनकार कर दिया था। एक दिन, अर्ली सन ने अचानक उस कौए को फिर से देखा। कौआ आसमान की बायीं ओर यानी स्वर्ग की दिशा की तरफ़ उड़ गया था। इसका मतलब यह था कि अर्ली सन बहुत ही जल्द इस दुनिया को छोड़ देगी। जैसे ही उसे यह आभास हुआ वह अपनी ज़िन्दगी को जल्द से जल्द ख़त्म करना चाहती थी। वह टूटे हुए तीररूपी प्रतीक से छूट कर अपने दुख-दर्द को ख़त्म करना चाहती थी। उसे अपना जीवन जीने का कोई मक़सद नज़र नहीं आ रहा था।

अचानक, उसने उसे देखा। वह वास्तव में ब्रेवहार्ट था, उसके सामने सशरीर खड़ा था। जीवन में उसने जिसे बेपनाह मुहब्बत की थी आज उस शख़्स को अपनी आँखों के सामने जीवित देखकर उसके सम्पूर्ण शरीर में अचानक कम्पन सी होने लगी। सूरज की पहली किरण के साथ, उसने उसे ज़ोर से

पकड़कर गले लगा लिया। वे दोनों धीरे-धीरे नदी के बीचोबीच गहराई की तरफ़ चले गये जहाँ अर्ली सन ने डूबकर अपनी मौत को गले लगा लिया। उसका नश्वर शरीर भी वहाँ से ग़ायब हो गया।

यह एक बहुत ही दुखद कहानी है लेकिन अर्ली सन के डूबने के बाद, अभी भी उसे लम्बर नदी में एक आत्मा के रूप देखा जा सकता है। लोगों में प्रचलित है कि आज भी अनेक ट्रक ड्राइवर हायवे पर लम्बर नदी को पार करते समय देखी गयी 'नदी की आत्मा' के बारे में बताते हैं कि नदी के बीचोबीच, ख़ासकर, धुँधली सुबह की किरणों में जब ठंडी हवाएँ चलती रहती हों एक युवा रेड इंडियन युवती को बेबाक टहलते हुए देखा जाता है जिसे वे आज भी'नदी की आत्मा' नाम से पुकारते हैं। लाम्बी आदिवासी की बूढ़ी औरतों की मुँह-ज़ुबानी कुछ इस तरह है:

"वह देखो, नदी की आत्मा, अर्ली सन अपने प्यार, ब्रेवहार्ट के लिए अभी भी इनतज़ार कर रही है। पल भर में समय बदलते हैं, ऋतुएँ आती हैं और अपने समयानुसार चली भी जाती हैं पर अर्ली सन का इनतज़ार कभी ख़त्म नहीं होता। वह अपने प्यार को पाने की चाह में हमेशा अपनी बांहें फैलाए खड़ी रहती है। कभी, कभार वह लोगों के सामने भी आती है और कोई इस नदी की आत्मा को देखने की कहानी, अपने हृदय की भावनाओं को भी लोगों को सुनाता है। इन दोनों की अमर प्रेम कथा मौखिक रूप से लाम्बी आदिवासी की बूढ़ी औरतों के ज़रिये सदा के लिए सँजोकर सुरक्षित रखना ही आनेवाली पीढ़ियों के लिए बेहतर होगा। अन्यथा बीते हुए पलों की तरह यह अमर प्रेम कथा भी कहीं खो जायेगी। लाम्बी आदिवासी के पूर्वज इस भौतिक जगत यानी पृथ्वी, भगवान और प्रकृति के साथ हमेशा सद्भाव में रहते थे। अगर कभी किसी धुँधली सुबह लम्बर नदी के किनारे जाओगे तो ध्यान से अर्ली सन को ढूँढ़ने की कोशिश करना। शायद तुम्हें उसका दर्शन मिल जाये। अर्ली सन, जो अब नदी की आत्मा बनकर रह गयी है। उसकी पवित्र प्रेम कहानी को और उसकी खोयी हुई ख़ुशियों को याद करने की कोशिश करना।"

मकियाविसुग यानी छोटे लोग

(पिक्वोट और मोहगान इंडियन की कथा, कनेक्टिकट)

प्रसिद्ध मोहेगन पहाड़ के चट्टान रूपी पत्थरों के नीचे मकियाविसुग यानी छोटे लोगों का घर है। जैसे ही रात का अंधेरा चारों दिशाओं को घेर लेता है, वैसे ही व्हिप-पूर उल्लू की आवाज़ उनके नीचे ढलान पर लोगों के घरों में आने का संकेत देती है। वे सारे चमत्कारी और हित कारी आत्मायें हैं, लेकिन मोहेगन लोगों को पता है कि किस तरह परम्परागत रीति-रिवाजों के अनुसार सम्मानपूर्वक उनका स्वागत करना चाहिये। मकियाविसुग के लिए यह अत्यन्त महत्त्वपूर्ण है कि उनके लिए खाने-पीने की चीज़ों जैसे मकई केक और तरह तरह के जामुन, बेर और यहाँ तक कि मांस के टुकड़े इत्यादि से भरी बास्केट व कटोरियाँ जंगलों के अलग-अलग जगहों पर रखा जाये। इसके ज़रिये मोहेगन के हृदय में मकियाविसुग के प्रति रही श्रद्धा भावना प्रकट होती है। मोकेसिन फूलों के जूते पहने हुये, वे आधी रात के गहरे अंधेरों में ये सारे उपहार इकट्ठे करते हैं। वास्तव में, मकियाविसुग शब्द की मानी है, “व्हिप-पूर उल्लू की मर्ज़ीवाले मोकासिन”।

उनके समाज व्यवस्था में विनम्रता व शिष्टाचार के लिए अपने निर्धारित नियम-व्यवस्थापन थे। जो लोग मकियाविसुग यानी छोटे लोगों को देखते हैं उन्हें सीधे उनकी तरफ़ नज़र उठाने की इजाज़त नहीं थी। वे मानते हैं कि ऐसा बर्ताव बेहद अशिष्ट है और उनकी सादगी के बिल्कुल ख़िलाफ़ है। यदि लोगों के द्वारा भेंट किये गये उपहारों को उठाते समय उन्होंने किसी को उन्हें घूरते हुए पकड़ लिया तो वे तुरन्त अभिशापित कर सकते हैं। अपनी उँगलियों को हिलाकर सब पर जादू-टोना कर उन्हें ज़मीन पर धड़ाम से गिरा सकते हैं। होशो-हवास खोने के लिए मज़बूर कर सकते हैं। दूसरा नियम यह भी है कि गर्मियों में किसी को उनके बारे में बात नहीं करनी चाहिए क्योंकि वे अपने इस कार्य में सबसे अधिक सक्रिय रहते हैं। लेकिन दूसरी तरफ़, उनके प्रति किये गये विनम्र व्यवहार के बदले में, उन्होंने मोहेगन लोगों को सिखाया कि कैसे मकई उगायी जाए और कैसे औषधीय व उपचारात्मक पौधों का इस्तेमाल किया जाये। वे इस मातृरूपी पृथ्वी का अच्छी तरह से ख़याल रखना जानते हैं और उन लोगों का उपकार करते रहते हैं जो उनके नियम-व्यवस्था व तरीक़ों के प्रति सम्मान भाव रखते हैं।

जब अंग्रेज़ी उपनिवेशवादी पिक्वोट और मोहेगन इलाक़ों में अपना अधिकार ज़माने आए तब उनके द्वारा मोहेगन आदिवासी लोगों के पारम्परिक रीति-रिवाज़ों व रहन-सहन के तरीको में अनेक तरह के विघ्न डाले गये। यहाँ अलग-अलग आदिवासियों को अनेक प्रकार की अड़चनों का सामना करना पड़ा। इसलिए माकियाविसुग यानी छोटे लोगों की मदद करना आदिवासी लोग बिल्कुल भूल चुके थे। परिणामस्वरूप, कई मोहेगन वासी और माकियाविसुग लोग बीमार पड़ गये। चारों तरफ़ बुरी आत्माओं का फैलाव बढ़ने लग गया और किसी भयंकर अनहोनी को लेकर सबके हृदय काँपने लगे।

इस आतंक कालीन समय में वहाँ एक बूढ़ी औरत रहती थी जो एक ओझा के रूप में वनस्पति युक्त दवा-दारू देकर लोगों की मदद कर रही थी। एक भयंकर तूफ़ानी रात उसे व्हिप-पूर उल्लू की आवाज़ें सुनाई दीं। जब उसने बाहर देखा तो उसे कोई पक्षी नहीं दिखा, लेकिन एक छोटा लड़का उसके दरवाज़े के बाहर बारिश में भीगा खड़ा हुआ था। बाद में पता चला कि वह वीगेन नामक एक वयस्क माकियाविसुग लड़का था, जिसने उसे किसी बीमार औरत की मदद करने के लिए उसके साथ चलने की प्रार्थना की। हालाँकि तब तक तूफ़ान ने काफ़ी भयंकर रूप धारण कर लिया था, फिर भी उसने बूढ़ी ओझा को घने जंगलों के रास्ते से होकर काफ़ी दूर तक ले जाकर बीमारी के घर पर पहुँचाया था।

जैसे ही वे मैदान में उतरने लगे अचानक मानो तूफ़ान रुक-सा गया। तब तक वे माकियाविसुग यानी छोटे लोगों की सीमाओं के दायरे में आ गये थे। वीगेन उसे चट्टानों से घिरे मधुमक्खियों के छत्ते जैसे एक कक्ष में ले गया। वहाँ एक बेहद बूढ़ी औरत बिस्तर में लेटी हुई थी जो बहुत बीमार लग रही थी। वीगेन ने बूढ़ी ओझा को बताया—

“यह मेरी दादी स्क्वैनिट हैं और इन्हें जल्दी से ठीक हो जाना चाहिए।” साथ ही उसने यह भी बताया, “मेरी दादी स्क्वैनिट बहुत ही शक्तिशाली हैं और वे तूफ़ान की सृष्टि करने के लिए जानी जाती हैं। जब भी वे दादा जी से बहस करने लगती है तभी वह बहस भयंकर तूफ़ान का रूप धारण करती है। उसकी बीमारी ही इस तूफ़ान की वजह थी। इससे भी बदतर यह बात थी कि यहाँ सारे प्रसिद्ध वैद्य, ओझा हमेशा दादी स्क्वैनिट से सलाह-मशवरा लेने के लिए आते हैं जब अत्यन्त ज़रूरत पड़ती है तो, और अब वही मूल सलाहकार बीमार पड़ गयी।”

बूढ़ी ओझा ने लगभग एक महीने तक दादी स्क्वैनिट का इलाज किया और तब तक वहीं रही जब तक कि वे सम्पूर्णतः बेहतर नहीं हो उठी।

दादी स्क्वैनिट की तबीयत को बेहतर करने के बदले में, मकियाविसुग ने बूढ़ी ओझा को एक उपहारों से भरी टोकरी भेंट की और उन्हें अपनी यादों में रखने के लिए प्रार्थना की। फिर उसकी आँखों में पट्टी बाँधकर घर वापस छोड़ने के लिए ले जाया गया।

घर वापस लौटने पर ही बूढ़ी ओझा ने टोकरी खोली और देखा कि अन्दर अनेक तरह के ख़ूबसूरत क्वार्ट्ज क्रिस्टल, विभिन्न प्रकार के चित्र अंकित जानवरों की खालें और जड़ी बूटियों के गुच्छों से भरपूर पोटलियाँ थीं।

द फॉरएवर ब्वॉय

(कैटावबा मिथक, साउथ कैरोलिना)

बौने लोगों में से कई लोग चट्टानों के ऊपर पत्थरों की गुफ़ाओं में रहते हैं तो कई दूसरे घने जंगलों में रहते हैं। ये लोग दिखने में बहुत सुन्दर होते हैं और शारीरिक गठन एकदम हट्टे-कट्टे और तन्दुरुस्त। ये इसलिए बौने कहलाते हैं क्योंकि उनके ज़्यादातर लोगों की ऊँचाई/लम्बाई आपके घुटनों तक ही है। दिन के मौसम के हिसाब से वे कभी-कभी बहुत क्षुब्ध (मतलबी) और बहुत अच्छे यानी सर्वप्रिय हो सकते हैं। बादल घिरे हुए दिनों में बौनों को देखना अशुभ माना जाता है। वे आपको एक जानवर में तब्दील/परिवर्तित कर सकते हैं। अगर मौसम बहुत शानदार रहा, धूप काफ़ी निकली हुई रही तो बौने लोग निःस्वार्थ भाव से आपके घर के सामने मक्के और मिठाइयों की टोकरियाँ उपहार स्वरूप रख जायेंगे। प्रायः बौने लोग बड़े दयालु होते थे और उन्हें संगीत बहुत पसन्द था। वे ज़्यादातर समय एक साथ संगीत/गाना गाकर, नृत्य करके और ढोलक-मंजीरा बजाकर गुज़ारते थे। लेकिन उन्हें इस फुर्सत के समय में किसी के द्वारा अचानक विघ्न डालना बिल्कुल ही पसन्द नहीं था। कुछ लोग कहते थे कि अगर किसी ने बौनों द्वारा किये गये संगीत समारोह की आवाज़ सुनी तो बेहतर यही होगा कि उस ध्वनि का पीछा ना करे। चूँकि उनको अपने ही घर में किये गये मौज़-मस्ती भरे आनन्द समारोह

में किसी तरह की बाधा पसन्द नहीं करते अगर किसी ने विघ्न डालने की कोशिश की तो अजनबी पर जादू-टोना कर सकते थे ताकि वह घबराकर वापस लौटने का रास्ता पकड़ ले। फिर भी अगर ऐसा करने की जुर्रत करता है तो वह हमेशा-हमेशा के लिए भ्रमित होकर घूमता-फिरता है। दूसरे वर्गों के अस्तित्व की अवमानना का फल बहुत बुरे तरीक़े से भुगतना पड़ता था और जादू-टोना का असर उसके पूरे जीवन में रहता।

बौने लोग अपने उदारता पूर्ण व्यवहार का प्रदर्शन दूसरे लोगों की मदद कर प्रकट करते थे। वे रात को दूसरे लोगों के घरों के पास आ सकते हैं, घरवालों की बातचीत सुन सकते हैं। घरवाले भी बाहर चल रही उनकी बातचीत सुन सकते हैं लेकिन उन्हें किसी भी हालत पर बाहर नहीं निकलना चाहिए। सुबह क्या पाते हैं कि उनके दरवाज़े के सामने सुन्दर तरीक़े से सजाये हुए मक्के के ढेर, जहाँ तक देखी जाती वहाँ तक के साफ़-सुथरे खेतों की ज़मीनें मानो एक बड़े सशक्त आदमियों की टोली ने मिलकर पूरी रात भर काम किया हो। अगर कोई रात को घर से निकलकर उन्हें देखने के लिए जाता है तो उसकी मौत निश्चित है।

कभी-कभी बौने लोग दूसरे लोगों को नैतिक ज्ञान की शिक्षा भी देते हैं। बहुत साल पहले एक लड़का था जिसका नाम 'फॉरएवर ब्वॉय' था क्योंकि वह कभी बड़ा नहीं होना चाहता था। बड़े होकर पुरुष बनने से इनकार करता था। उसे केवल खेल-कूद, मौज़-मस्ती में ही आनन्द मिलता था और जीवन भर यही करते रहना चाहता था। घरवालों घर के ज़रूरी काम-काजों में उसने कभी हाथ नहीं बँटाया और न ही उसकी कभी किसी की मदद करने की इच्छा हुई। क्योंकि उसे पता था कि वह कभी भी बड़ा नहीं होगा। उसकी आयु में वृद्धि कभी नहीं होगी।

एक दिन उसके पिता उसके व्यवहार से तंग आकर कहने लगे—

"फॉरएवर ब्वॉय, आज से मैं तुम्हें फिर कभी इस नाम से नहीं पुकारूँगा। बहुत हो चुका। आज से तुम आदमी बनने की तैयारी करोगे, अपनी ज़िम्मेदारियाँ निभाना सीखना होगा। दिन भर खेलना, इधर-उधर बेवजह भटकते रहना, सब कुछ बन्द करना होगा। कल से तुम अपने चाचा के घर में रहने जा रहे हो और वे तुम्हें वे सारी आवश्यक बातें सिखायेंगे जो तुम्हें अपने जीवन में जानना बेहद आवश्यक है।"

फॉरएवर ब्वॉय को अत्यन्त दुख पहुँचा जब उसके पिता ने ये सारी बातें बतायीं। चूँकि उसे बड़े होने में कोई दिलचस्पी नहीं थी। अपने पिताजी की ये बातें सुनकर बहुत नाराज़/उदास हुआ। वह नीचे ढलानों पर बह रही नदी के किनारे बैठकर काफ़ी देर तक रोता रहा। रो-रो कर बेहाल हो उठा और उसे ध्यान ही नहीं रहा कि उसके रोने की आवाज़ सुनकर उसके सारे मित्र, जानवर साथी आस-पास इकट्ठा हो गये। वे सारे इकट्ठे कुछ बताने की व समझाने की कोशिश करने लगे ताकि फॉरएवर बॉय बेहतर महसूस करे। आख़िरकार, उसने सोचा कि सारे जानवर मित्र क्या कह रहे "कल यहाँ आना लेकिन जल्दी आना।" "अच्छा।" उसने सोचा कि वे शायद उसे अलविदा कहना चाहते हैं।

वह उदास होकर घर वापस चला गया और अगले दिन का इन्तज़ार करने लगा।

अगली सुबह जल्दी ही उठकर वह अपने जानवर मित्रों से अलविदा कहने के लिये निकल गया। अन्दर ही अन्दर काफ़ी दुखी भी हुआ कि हो सकता है यह उनकी आख़िरी मुलाक़ात हो। हमेशा-हमेशा के लिए अलविदा कहने का विचार कितना दर्दनाक होता है उसने पहली बार समझा। सारे जानवर एक साथ उसे कुछ कहने लगे और उसने सोचा कि हो सकता है वे मिलकर अलविदा कह रहे हों। लेकिन आख़िरकार, उसे समझ में आने लगा था कि वे उसे कुछ और बताने की कोशिश कर रहे थे, उसे पीछे की तरफ़ देखने के लिए संकेत कर रहे थे।

जैसे ही उसने पीछे की तरफ़ मुड़ा उसने देखा कि वहाँ बौने लोगों का एक समूह खड़ा था। वे उसे देखकर ख़ुशी से मुस्कुराने लगे और गले मिलने के लिए उसकी तरफ़ आगे बढ़े। उन में से एक ने कहा, "फॉरएवर ब्वॉय, आपको बड़ा नहीं होना है तो आप हमारे साथ शामिल हो जाइये और हमेशा के लिए हमारे साथ रहिये। तभी आपको कभी बड़ा होना नहीं पड़ेगा। हम विधाता से प्रार्थना करेंगे कि वे आपके माता-पिता तक यह सन्देशा भेजे कि आप सुरक्षित हैं और वही कर रहे हैं जो आपको करना अत्यन्त आवश्यक है।" फॉरएवर ब्वॉय ने इस विषय पर काफ़ी देर तक सोचा। उसके बाद, उसने यह निर्णय लिया कि उसे अपने जीवन में क्या करने की ज़रूरत है, और आख़िर, बौने लोगों के साथ हो लिए।

इसलिए याद रखिये, यदि आप कुछ घर की मरम्मत जैसे काम कर रहे हैं तो अपने औज़ारों को रख एक जगह देते हैं लेकिन ढूँढ़ते रहते हैं किसी दूसरी जगह पर, ये सारा चमत्कार बौने लोगों का किया धरा है। वे आप पर भूल जाने की चाल चलाते हैं ताकि आप हँस उठें और अपने दिल में हमेशा के लिए युवा रहें। क्योंकि कहा जाता है कि वही बौने लोगों और फॉरएवर ब्वॉय की आत्मा है, जो हमें अपने दिलों में युवा रखने के लिए लगातार किया गया एक प्रयास है।

बूढ़ी औरत और दत्तक भालू पुत्र

(एस्किमो लोक-कथाएँ, नुड रासमुसेन द्वारा लिखित, 1921)

बहुत समय पहले एक बूढ़ी औरत ऐसी एक जगह पर रह रही थी जहाँ दूसरे लोगों का भी साथ-साथ निवास था। उसका घर समुद्र के बिल्कुल तट पर स्थित था और उसके सबसे बगल में रहनेवाला परिवार उसके घर के ऊपर के पहाड़ की चोटी पर रहता था। इस परिवार के सारे सदस्य हमेशा शिकार के लिए एक साथ जाते थे और जब भी वे वापस आते मांस, फल, बीजों की एक टोकरी बूढ़ी औरत के लिए भी भेज देते थे। यही एक रिवाज़ बनकर दोनों पड़ोसियों के बीच चलती रही।

एक बार हमेशा की तरह वे शिकार के लिए निकले और उस दिन उन्होंने भालू का शिकार करने को तय किया ताकि कई महीनों तक लगातार भालू का मांस खा पायें। जब वे घर लौटे तो एक बड़े से भालू के साथ लौटे थे। बूढ़ी औरत को भी भालू की पसलियों में से मांस का एक बड़ा टुकड़ा अपने हिस्से में प्राप्त हुआ और उसे अपने घर ले गयी। जैसे ही वह घर पहुँची शिकारी, जिसने भालू का शिकार किया था, की पत्नी आकर खिड़की के पास खड़ी हो गयी और कहने लगी—

“घर के अन्दर बसने वाली प्यारी बूढ़ी अम्मा, क्या आप भालू के एक बच्चे को रखना पसन्द करेंगी ?”

सुनकर बूढ़ी औरत काफ़ी खुश हुई और जाकर भालू के बच्चे को गोद में ले लिया जो अब तक बेहोश पड़ा हुआ था और अपने घर ले आयी। तुरन्त उसने चूल्हे (फायर प्लेस) में ख़ूब सारी लकड़ियाँ डालकर एक बड़ी सी आग जलाई और उसके सामने भालू के बच्चे को सुला दिया क्योंकि ठंड के मारे उसका पूरा बदन काँप रहा था। धीरे-धीरे आग की गरमाहट पाकर भालू के महीन बालों में जमी हुई बर्फ़ पिघलने लगी और साथ-साथ पानी की बूंदें भी नीचे ज़मीन पर टपकने लगीं। अचानक उसने देखा कि बच्चा थोड़ा-सा हिलने की कोशिश करने लगा है। बूढ़ी औरत को काफ़ी ख़ुशी हुई कि आख़िर बच्चे में जान आ गयी है। उसके शरीर में थोड़ा बहुत और गरमाहट लाने के लिए उसने थोड़ी-सी जानवरों की चर्बी भूनकर बच्चे को खिला दी जो उसने अपने लिए ख़ासकर सर्दियों के बर्फ़ीले आलम के लिए बचाकर रखी थी। उसने सुना था

कि भालू चर्बियों पर ही जीवित रहता है। ऐसे ही बचपन से लेकर बूढ़ी औरत ने भालू का बच्चे का ख़याल रखा। मछली और मांस के टुकड़ों को खाने को दिया और चर्बियों को पिघलाकर उससे निकले तेल को पीने के लिए। दिन भर बूढ़ी औरत के पीछे-पीछे घूमता रहता और रात को उसके बिस्तर के बगल में ही बेफ़िक्र हो कर लेट जाता।

ऐसे ही बूढ़ी औरत के बगल में रात को लेटे-लेटे अचानक छोटा भालू का बच्चा तेज़ी से बढ़ने लगा। देखते ही देखते उसकी आकृति विशाल बन गयी। बूढ़ी औरत उससे मनुष्यों की भाँति ही बातें करती और इसी तरह भालू के बच्चे ने मनुष्य जैसे एक तेज़ दिमाग़ को भी प्राप्त कर लिया था। जब भी वह अपनी इस गोद ली हुई माँ से खाना माँगने लगता, वह भालू जैसा व्यवहार करता और माँ के पास आकर चीज़ों को सूंघने लग जाता।

बूढ़ी औरत को अब किसी चीज़ की कमी महसूस नहीं होती। उसके पड़ोसी पहले उसके लिए खाना भेजते थे और अब भालू के लिए भी भेजने लगे। उनके बच्चे कभी-कभी भालू के साथ खेलने के लिए भी आने लगे। बूढ़ी औरत लेकिन हमेशा याद दिलाती रहती थी—

“बेटा भालू, जब भी आप छोटे बच्चों के साथ खेलें, ध्यान से अपने पंजों को बन्द करके रखें।”

सुबह बच्चे खिड़की के पास आकर भालू को कहते, “भालू भाई, बाहर आओ और हमारे साथ खेलो, अभी हम सब बाहर खेलने जा रहे हैं।”

ऐसा बहुत बार हुआ है कि जब भी बच्चों के साथ खेलने जाते, बच्चों के खिलौने तोड़ता, वाद्य यंत्रों के टुकड़े-टुकड़े कर डालता। लेकिन बर्फ़ में खेलते समय कोई अगर उसे ऊपर से ढकेलने को कहता तो हमेशा वह ध्यान

से अपने पंजों को सँभालकर ढकेलता। समय के साथ-साथ उसके नाख़ून भी अत्यन्त मज़बूत होते चले गये और बाद में, हर दिन बच्चों को रुलाने भी लग गया। जब वह बड़ा हुआ तो आस पड़ोस के लोगों ने भी उसके साथ खेलना शुरू कर दिया था ताकि बूढ़ी औरत को थोड़ा आराम मिले और भालू का शारीरिक विकास अच्छे तरीक़े से हो। बुढ़िया ने भी सोचा कि इससे उसे शक्तिशाली व ताक़तवर बनने का सही माहौल मिल जायेगा। लेकिन एक समय बाद जैसे ही भालू पूर्ण वयस्क हो गया तो किसी ने उसके साथ नहीं खेला। यहाँ तक कि गाँव के बड़े लोग भी उसके सामने आने की हिम्मत नहीं जुटा पाये। उसकी ताक़त को देखकर लोग हैरान रह गये और फिर एक दिन एक आदमी ने सुझाव दिया—

"क्यों न हम इसे अपने साथ शिकार पर ले चलें। यह हमें सील जैसी मछली को ढूँढ़ने में हमारी मदद कर सकता है।"

एक दिन प्रातःकाल में वे गाँव वाले बुढ़िया की खिड़की पर आकर बोले, "भालू बेटा, चलो ! हमारे साथ शिकार के लिए चलो और पकड़े गये शिकार में से बराबरी का एक हिस्सा तुम दोनों के लिए कमाओ।"

लेकिन बाहर जाने से पहले, भालू ने अपनी बूढ़ी माँ के पास जाकर सूँघा और फिर दूसरे पुरुषों के साथ बाहर चला गया। रास्ते में एक आदमी ने कहा, "भालू बेटा, तुम्हें अपने शरीर को नीचे झुकाकर रखना चाहिये ताकि हवा का झोंका तुम्हें छू न सके। नहीं तो तुम्हारा पर्दाफ़ाश हो जायेगा। तुम्हारे शरीर से निकली हुई बू दूसरे शिकारियों को आकर्षित कर सकती है और किसी भी समय तुम पर हमला कर सकते हैं और हम सब उनके भाले के शिकार हो सकते हैं। एक बार उनके क़ब्ज़े में आ गये तो उनसे छुड़ाना मुश्किल होगा।"

एक दिन वे सब शिकार के लिए निकले हुए थे। पूरे दिन-भर सील जैसी मछली व अन्य जीव-जन्तुओं का शिकार करने के बाद वे सब बूढ़ी औरत के घर पहुँचे और बोले, "आज भालू बेटा उत्तर दिशा की तरफ़ से आनेवाले कुछ शिकारियों द्वारा लगभग शिकार हो ही गया था। जैसे तैसे हम सब उसे ज़िन्दा बचाने में सक्षम रहे। आज का दिन वाकई भालू बेटे के लिए एक यादगार दिन है क्योंकि अगर हम नहीं होते तो शायद वह आज मार डाला गया होता। इसलिए आगे से कुछ ऐसा निशान देना चाहिए, सिन्यु से गूँथी गयी एक ऐसी पट्टी गले में बाँधनी चाहिए ताकि पता लगे कि इसकी गर्दन आम गर्दनों जैसी नहीं है।"

उसके बाद बूढ़ी माँ ने अपने दत्तक भालू बेटे के गले के लिए एक ख़ास तरह का निशान बनाया; सजीले सिन्यु से गूँथी गयी एक सुन्दर पट्टी। हार्पून रस्सी की तरह मज़बूत और चमकीली।

इस घटना के बाद, वे कभी सील मछली या दूसरे जानवरों को पकड़ने में विफल न हुये। भालू-बेटा गाँव के सबसे शक्तिशाली शिकारी से भी ज़्यादा मज़बूत निकला। कभी भी घर के अन्दर बैठे नहीं रहा। यहाँ तक कि सबसे ख़राब मौसम होने पर भी वह हमेशा घर से बाहर शिकार पकड़ने के लिए तत्पर रहा। हालाँकि वह अभी भी अन्य भालुओं जैसा बड़ा नहीं हुआ था फिर भी, दूसरे गाँवों के लोग भी अब उसे जानने लग गये। कई बार, दूसरे गाँववासी उसे पकड़ने के लिए भी तैयार देखे गये लेकिन जैसे ही उसके गले की चमकीली पट्टी नज़र आयी तो उसे छोड़ दिया गया।

लेकिन जैसे ही अंगमगसालिक से परे कुछ लोगों ने सुना कि वहाँ एक ऐसा भालू जंगल में घूमता-फिरता है जिसे पकड़ना नामुमकिन ही नहीं अवैध है, तभी एक ने जवाब दिया, "अगर कभी मैंने इसे देखा तो मैं ज़रूर पकडूँगा और ज़िन्दा मार डालूँगा।"

तभी दूसरे ने कहा, "ऐसा उल्टा-सीधा कुछ करने का बिल्कुल सोचना भी मत। भालू की माँ बिना देखे ही जादू-टोना कर तुम्हें नुक़सान पहुँचाने की क्षमता रखती है। यदि तुम्हें कभी रास्ते में अचानक वह भालू दिखाई पड़ता है, जैसे ही उसके गले का निशान दिखाई देता है, उसे अकेले छोड़ देना और दूसरा रास्ता पकड़ कर वहाँ से निकल पड़ना ही तुम्हारी ज़िन्दगी के लिए बेहतर होगा।"

एक दिन जब भालू शिकार से हमेशा की तरह घर वापस आया तो उसकी बूढ़ी माँ ने कहा, "जब भी आप अनजान इनसानों से मिलते हैं तो उनके साथ ऐसा व्यवहार करें जैसे कि आप उनके परिवार के एक सदस्य हैं। जब तक वे पहले आप पर हमला न करें, तब तक उन्हें नुक़सान पहुँचाने की कोशिश भी न करें।"

और भालू ने अपनी माँ की बातें सुनीं और बिल्कुल वैसा ही किया जैसा उसे कहा गया था। इसी तरह बूढ़ी माँ ने अपने गोद लिए हुए भालू बेटे को अपने पास रखकर उसकी परवरिश करती रही। गर्मियों के महीनों में भालू समुद्र में, और सर्दियों के दिनों, बर्फ़ पर शिकार करने के लिए निकलता था। उन इलाक़ों के दूसरे सारे शिकारी अब इसके इलाक़ों को सीख गए थे, और उसके द्वारा पकड़े गये शिकार से अपना एक हिस्सा हमेशा प्राप्त करने आगे आये थे।

एक बार एक भयंकर तूफ़ान के दौरान, हमेशा की तरह, भालू शिकार के लिए घर से निकला हुआ था। लेकिन वह शाम तक घर नहीं पहुँचा। रात को वह अपनी माँ को सूँघता हुआ घर पहुँचा और दक्षिण दिशा में खिड़की के बगल में स्थित बेंच पर खड़ा हो गया। जब बूढ़ी माँ घर से बाहर निकल कर आयी तो उसने एक मृत व्यक्ति के शरीर को बाहर खिड़की के पास पड़ा हुआ पाया, जिसे भालू घसीट कर ले आया था। फिर बिना उसकी ओर आगे बढ़े और बिना कुछ और जानने की कोशिश किये बिना, बूढ़ी औरत सीधा अपने पड़ोसी के घर में गई, और खिड़की पर खड़ी होकर कहा।

"क्या तुम लोग अभी घर पर हो ?"

"क्यों ?" अन्दर से आवाज़ आयी।

"छोटा-भालू एक मरे हुए आदमी को अपने साथ लेकर घर आया है, जिसे मैं जानता तक नहीं।"

सूरज की पहली किरण जब आसमान में चमकने लगी तब सब लोग इकट्ठे बाहर निकल कर आये और उन्होंने मृत व्यक्ति के पहनावे से पहचाना कि यह आदमी उत्तरी क्षेत्र का था। उसके शरीर में पाये गये निशानों से इन्होंने पता लगाया कि वह काफ़ी तेज़ भाग रहा था। क्योंकि उसके जांघों के नीचे की खाल फटकर निकल आयी थी। बाद में, उन सब को सुनने को मिला कि मृत आदमी वही योद्धा था जिन्होंने छोटे-भालू का सामना करने का वादा किया था। साथ ही उसे ज़िन्दा पकड़के और बाद में, मौत के घाट उतारने को सबके समक्ष प्रण भी किया था।

इस घटना के काफ़ी दिनों बाद, बूढ़ी माँ ने छोटे-भालू से कहा, "आपको मेरे साथ हमेशा के लिए यहाँ नहीं रहना चाहिये। नहीं तो आपके मारे जाने की संभावना ज़्यादा है। अगर कभी कुछ ऐसी अनहोनी हुई तो मैं अपने आपको माफ़ नहीं कर पाऊँगी। आप की बड़ी मेहरबानी होगी अगर आप इस जगह को छोड़ दें और अपनी बिरादरी वालों के पास चले जायें।"

बड़े कातर स्वर में बूढ़ी-माँ ने छोटे भालू को यह सुझाव दिया और बाद में अधीर होकर रो पड़ी। अपनी माँ को रोते देख कर छोटे-भालू को बड़ा दुख पहुँचा और उसने पहले अपने थूथन को नीचे फ़र्श पर धड़ाम से गिरा दिया और फिर अपना सीना पीट-पीट कर रोने लगा क्योंकि उसे अपनी माँ से दूर जाने का दुख अन्दर ही अन्दर खाये जा रहा था।

इसके बाद, बूढ़ी माँ हर सुबह सूरज की पहली किरण के साथ-साथ जैसे ही काले आसमान चमकने लग जाते तब वह बाहर जाती और थोड़े समय के लिए आसमान की तरफ़ नज़र गाड़ती रहती, यह पता करने के लिए कि मौसम कैसा होगा। अगर उसे मुट्ठी भर बादल भी आसमान में दिखाई पड़ता तो वह कुछ भी नहीं कहती। लेकिन एक दिन अचानक उसे आसमान सम्पूर्णतः साफ़ दिखाई दिया। यहाँ तक कि इसमें मुट्ठी भर टुकड़ा बादल भी नहीं दिखा तो तुरन्त वह अन्दर आयी और भालू बेटे से कहने लगी—

"भालू बेटा, आख़िकार आज तुम्हें अपने बिरादरी वालों के पास जाने का सुअवसर प्राप्त हुआ है। मौसम बहुत अच्छा है और इस मौसम में तुम्हें किसी के आक्रमण की चिन्ता नहीं करनी चाहिए।"

लेकिन जैसे ही छोटा-भालू बाहर निकलने के लिए तैयार हुआ तो बूढ़ी माँ रो-रो कर सुध-बुध खो बैठी। उसे बिल्कुल ख़बर नहीं थी कि वह क्या कर रही है। अपने हाथों को पहले तेल में डुबोया और बाद में, स्याही के डिब्बे में घुसाया। फिर स्याही लगे हाथों से भालू के गले और पूरे बदन पर हाथ फेरा। भालू ने भी उस तरह से ध्यान नहीं दिया कि उसकी माँ क्या कर रही थी। जाने से पहले भालू ने अन्तिम बार अपनी माँ को सूँघा और फिर वहाँ से चला गया। बूढ़ी माँ उस दिन पागलों की तरह रोती रही, और उसके आस-पड़ोस वालों ने भी आकर उसके साथ-साथ भालू को खोने का शोक मनाया।

लोग कहते हैं कि दूर उत्तरी दिशा में जहाँ पर अनेक तरह के भालुओं का निवास है, वहाँ से कभी-कभार एक हिमखंड जितना बड़ा भालू यहाँ दक्षिण दिशा में स्थित इनसानों की बस्तियों में आयेगा, जिसके शरीर पर काले धब्बों का निशान होगा। उसके साथ प्यार से बर्ताव करना चाहिए।

बदलाव

(कनेक्टिकट राज्य से संग्रहित)

किसी एक नगर के पास में बहुत ही घना जंगल था। वहीं एक बड़े से पेड़ के एक तने पर एक मादा उल्लू रहती थी। उसे शोर-हंगामा बिल्कुल भी पसन्द नहीं था। उसने देखा कि पिछले कुछ दिनों से उस पेड़ पर बहुत-सी चिड़ियाओं ने आकर अपने-अपने घोंसले बनाने शुरू कर दिये थे। देखते ही देखते उस पेड़ पर बाहर से आने वाली चिड़ियों की संख्या अचानक से इतनी बढ़ गयी कि रोज़ शाम उनमें आपस में घोंसलों के कारण एक-दूसरे के साथ झगड़े भी होने लगे। क्योंकि बाहर से उड़कर आने वाली ज़्यादातर चिड़ियाएँ जैसे ही पेड़ पर कोई भी घोंसला ख़ाली देखतीं तो उस पर क़ब्ज़ा करके बैठ जातीं। शाम को थकीहारी घोंसलों के असली मालिक चिड़िया जब अपने घोंसले में वापस लौटतीं और दूसरी चिड़िया को उसमें देख लेती तो ग़ुस्से में आकर ख़ूब झगड़ा करतीं। ऐसी घटनाएँ अब इतनी बढ़ चुकी थीं कि सबको अपने-अपने घोंसले की रक्षा करने की चिन्ता लगी रहती थी। इसी चिन्ता में कभी-कभी कई चिड़ियाएँ तो दाने ढूँढ़ने भी नहीं जाती थीं।

मादा उल्लू डाल पर बैठकर यह सब देखती रहती। हर रोज़ के हंगामे से तंग आकर एक दिन वह एक नये ठिकाने की तलाश में नया घोंसला ढूँढ़ने वहाँ

से निकल पड़ी। उसे नगर से बहुत दूर एक सुनसान पहाड़ी इलाक़े में एक विद्यालय के नज़दीक एक बड़ा-सा पेड़ अच्छा लगा। उस पेड़ के तने में एक छोटा-सा खोखल देखकर वहीं रहने लगी। उसे नया माहौल बहुत अच्छा लगने लगा था। अब यहाँ पर वह बिना किसी शोरगुल सुनें चैन की नींद सोतीं। दिन में विद्यालय के छोटे-छोटे बच्चों को रोज़ बाहर खेलते देखकर उसे बहुत ख़ुशी होने लगी थी लेकिन कुदरत के नियमों को कौन नकार सकता है। उसे एक दिन पता चला कि वह माँ बननेवाली है। दिन प्रतिदिन उसका वज़न बढ़ता गया और वह खोखल उसके लिए छोटा पड़ने लगा। अब उसे अपने सगे-सम्बन्धियों की बहुत याद भी आने लगी।

एक दिन वह फिर से उसी पुराने जंगल की ओर खोखल की खोज में निकल पड़ी, जहाँ उसके सगे-सम्बन्धी थे। वहाँ पहुँचकर वह चौंक गयी। पूरा जंगल कट चुका था और वहाँ पर नयी-नयी इमारतें खड़ी की जा रही थीं। सारे पुराने

साथी-सम्बन्धी कहाँ चले गये कुछ अता-पता नहीं। अपने उस पुराने जंगल का बदला हुआ यह वीरान दृश्य देखकर उसे बहुत ही दुख हुआ। सोचने लगी कि इनसान रूपी इस विचित्र प्राणी को हम पक्षियों के घरों को उजाड़कर आख़िरकार क्या मिलता है? क्या इस धरती पर इनसानों के लिए ज़मीन की कमी हो गयी है?

पूरा दिन यही सोचते-सोचते घूमती-फिरती आख़िर में थक-हारकर वह अपने पुराने खोखल की ओर वापस आ गयी। लेकिन यह क्या ! वहाँ पर भी क्या देखती है कि एक कठफोड़े ने उसके ख़ोखल पर क़ब्ज़ा कर रखा था। वह दुखी मन से कठफोड़े के पास गयी और उसको अब तक की अपनी सारी दास्तान सुना डाली। सारी बातें सुनकर कठफोड़े को भी बहुत दुख हुआ और कहा—"घबराओ नहीं बहना, तुम्हारा यह खोखल मैं अपनी चोंच से काटकर बड़ा कर देता हूँ और अपने लिए एक अलग घोंसला बना लूँगा। आज के बाद हम दोनों दोस्त बनकर सारी ज़िन्दगी एक साथ गुज़ारेंगे और ज़िन्दगी के बुरे दौर में एक-दूसरे की मदद करते रहेंगे।"

ऐसे ही समय बीतने लगा। मादा उल्लू के तीन बच्चे हुए और वे पाँचों हँसी-ख़ुशी उस पेड़ में रहने लगे।

जोआक्विन मुरीएटा : दस्यु की कहानी

(एस. ई स्क्लॉज़र के पुनःकथन पर आधारित, कैलिफ़ोर्निया)

बहुत साल पहले लगभग 1840 के आसपास कैलिफ़ोर्निया के एक उर्वर खेतों की ज़मीन पर जोआक्विन मुरीएटा नाम का एक प्रवासी मैक्सिकन अपनी पत्नी रोजिता और अपने बड़े भाई कार्लोस के साथ रहता था। ये तीनों अपने स्वभावतः दिन-रात कठोर परिश्रम कर हैंगटाउन नामक ऐतिहासिक जगह (जनकथित है कि इसी जगह पर कई लोगों को फाँसी पर लटकाया गया था, इसलिए इसका नाम हैंगटाउन पड़ा।) के पास अपनी एक दूसरी ज़मीन का दावा कर रहे थे जहाँ वे सोने का खनन कार्य कर पाये और उसी उद्देश्य से पैन कार्ड बनवाने की अपील भी की। हालाँकि, आसपास रहने वाले अन्य अमेरिकी खनिकों को यह बात बरदाश्त नहीं हुई और उन्होंने यह कहकर उन्हें धमकी दी तथा भगाने की कोशिश की कि मेक्सिकन लोगों द्वारा सोने के खनन हेतु पैन कार्ड बनवाना या सोने की खदानों और ज़मीनों का दावा करना ग़ैरक़ानूनी था। मुरीएटा परिवार के सभी सदस्यों ने उनकी धमकियों को नज़रअंदाज़ किया और अपनी ज़मीन पर शान्ति से रहकर सोने की खदानों में काम करना जारी रखा।

मुरीएटा भाइयों द्वारा अमेरिकी सरकार के इन प्रसिद्ध क़ानूनों की अवहेलना से क्रोधित होकर एक दिन, स्थानीय एक शराबी गुट्ट नशे में धुत्त अस्त्रों-शस्त्रों से सुसज्जित होकर एक दूसरे हिंसक नस्लीय तथा बन्दूक़धारी झुड से जा मिला। इस प्रवासी मैक्सिकन परिवार को एक सबक सिखाने के इरादे से ताकि आनेवाले दिनों में सारे प्रवासियों को क़ब्ज़े में रख सके। उन सबने मिलकर काली-अँधेरी रात के गहरे सन्नाटों की ओट में मुरीएटा के घर पर हमला किया। झुड के कुछ लोगो मुरीएटा को बालों से पकड़कर घसीटते हए बाहर ले आये। आंगन के एक बड़े पेड़ में उसे कसकर बांधा गया और उसके बड़े भाई को बाहर लाकर उसके ही सामने कई लोगों ने सीने में गोलियाँ मारीं मानो गोलियों की होली खेली जा रही हो। फिर उसकी पत्नी रोजिता की बारी आयी। उसकी भी हत्या इसी तरह की गयी लेकिन इस दौरान जोआक्विन को अपनी पत्नी को देखते रहने के लिए मजबूर किया गया था। इसके बाद जोआक्विन पर अत्याचार शुरू हुआ। थप्पड़, लात-घूँसे से शुरू होकर उसकी हड्डियों व पसलियों को चूर्ण किया गया और उसे चाबुक से तब तक पीटा गया जब तक उसके पूरे बदन से ख़ून के झरने न बहने लगे। ग़ुस्से के मारे मुरीएटा

की आँखों से भी लहू भभक कर बहने लगा। लेकिन आख़िरकार उसके घावों ने उसकी चेतनता पर क़ाबू पा लिया और उसका निर्जीव बदन बेहोश होकर पेड़ के ख़िलाफ़ नीचे ज़मीन की तरफ़ झुकने लगा। उसे वहीं मरने छोड़ नस्लीय उपद्रवी तथा बन्दूकधारी झुड वहाँ से ग़ायब हो गया। दूसरी सुबह नशा उतरने के बाद जब आस-पड़ोस के कुछ लोगों ने आकर जोआक्विन की मदद करनी चाही तो उन्होंने पाया कि अपनी पत्नी और अपने भाई की लाशों के साथ-साथ जोआक्विन भी वहाँ से ग़ायब था। उन्हें वहाँ केवल ख़ून से लथपथ रस्सियों का एक ढेर नीचे ज़मीन पर पड़ा मिला।

दूसरे दिन से फिर वहाँ के निवासी अपने-अपने कामों में मग्न होने लगे और जोआक्विन मुरीएटा नाम का प्रवासी मैक्सिकन और उसका परिवार उनकी यादों से काफ़ी परे हो गया। कुछ ही महीनों बाद, हैंगटाउन में एक घुँघराले बालों और लम्बे दाढ़ीवाले एक अजनबी ने एक बहुत बड़े जुए के अड्डे की स्थापना की। इस अजनबी की आँखें देखने लायक थीं। इतनी उदासीन व निःस्पृह आँखें कि देखनेवालों के रोंगटे ख़ुद-ब-ख़ुद खड़े हो जाते थे। अचानक हैंगटाउन में पहले से ज़्यादा भीड़-भाड़ बढ़ने लगी और धीरे-धीरे एक नयी तरह की रौनक ने पूरे इलाक़े को घेर लिया। लेकिन दूसरी तरफ, नगर में कुछ अजीबो-गरीब घटनाएँ होने लगीं। इस अजनबी के आने के कुछ समय बाद से ही सोने के खानों के खनिक धीरे-धीरे ग़ायब होने लगे। एक के बाद एक, और उन सबकी लाशें सन्दिग्ध स्थानों पर पाये जाने लगीं। संयोगवश, इन सारी हत्याओं में एक चीज़ मिलती थी और वह थी कि सभी लाशों के कान कटे हुए थे। छानबीन कर शहर के कुछ चौकस जनता ने खोज निकाला कि प्रत्येक मृत खनिकों में से वही लोग शामिल हैं जिन्होंने कार्लोस और रोजिता मुरीएटा के अवैध क़त्लेआम के पक्ष में अपनी राय सुनाई थी, सहमति जताई थी। पूरे नगरवासियों को पता था कि उस रात के हमलावरों में इकतीस आदमी मौजूद थे, और उनमें से अब तक चौदह लोगों की आकस्मिक हत्या हो चुकी थी। जब यह बात खुल के सामने आयी और

लोगों को ज्ञात हो गया कि हत्या की असली वजह क्या है, तो अन्य सत्रह आदमी भी रातोंरात हवाओं में बिखर गए। लेकिन दुर्भाग्यवश, एक-एक करके, उनका भी शिकार किया गया। सबके सब मारे गए, और उनके भी कान काट दिए गए थे।

अन्त में, एक खनिक, जो कभी मुरीएटा भाइयों के बगल में खनन कार्य करता था, वह हैंगटाउन में आया और उन्होंने जुआ प्रतिष्ठान के मालिक की पहचान जोआक्विन मुरीएटा के रूप में की। आख़िरकार, भाँडा फूट गया और फिर जोआक्विन मुरीएटा को गहरे जंगलों में जाकर छिपना पड़ा। धीरे-धीरे उसने जंगलों में छिपे दूसरे अभागे मैक्सिकनों को इकट्ठा करना शुरू कर दिया जिन्हें भी मुरीएटा की तरह अपना सर्वस्व खोकर जंगलों में आश्रय लेने के लिए मजबूर किया गया था या दूसरी तरफ़ एक ख़ुशहाल ज़िन्दगी जीने से वंचित किया गया था। जल्द ही, वह एक शक्तिशाली मैक्सिकन गिरोह व दस्युओं का मुखिया बन गया। गिरोह के सारे दूसरे दस्यु काले घोड़े की सवारी कर जगह-जगह अमेरिकियों के घरों से सोने के ख़ज़ानों को लूटने लगे।

दस्यु मुरीएटा के घोड़े की ज़ीन से हमेशा सूखे हुए कानों के तार लटकते रहते थे जो उन हत्यारों के थे जिन्होंने उसकी पत्नी और भाई को उसकी आँखों के सामने मार डाला था। अब तक, जोआक्विन मुरीएटा ने अपने दूसरे दस्युओं की मदद से अमेरिकी खनिकों से लगभग मिलियन डॉलर के सोने के खानों को लूट लिया। अपनी तमाम निर्दयता और क्रूरता के बावजूद मुरीएटा सदा अपने साथी मेक्सिकन लोगों के प्रति दयालु था। उसने अपने मित्र को कभी नहीं ठुकराया था जिसे उसकी अत्यन्त ज़रूरत थी। अपने लूटे हुए धन-सम्पत्तियों को उदारतापूर्वक ग़रीबों में बाँट दिया था, और उन लोगों का बदला लिया जो उत्पीड़ित थे, ग़रीबों को सताते थे। बदले में, जब भी ज़रूरत पड़ी उन ग़रीबों ने उसे क़ानून व सिपाहियों के मिथ्या चंगुलांा से बचने व छिपने के लिए आश्रय दिया, और उस पर हमेशा आशीर्वाद का हाथ उठाये रखा।

जो आक्विन मुरीएटा और उसके गिरोह के ख़तरे और दूसरे मैक्सिकन दस्युओं की धमकियों की वजह से सोने की खदानों में जाना स्थानीय खनिकों के लिए लगभग असम्भव हो गया था। इसलिए कैलिफोर्निया के गवर्नर ने जोआक्विन मुरीएटा को पकड़ने तथा उसकी हत्या करने के लिए रेंजरों की एक सशक्त टोली को एकत्रित कर उनपर ज़िम्मेदारी दी ताकि कोई और स्थानीय खनिक बेमौत न मारा जाये। कप्तानरूपी गवर्नर के नेतृत्व में, रेंजरों की भिन्न टोलियों ने कई दिनों तक उसपर जाल बिछाये रखा पर हमेशा नाकामयाबी हासिल हुई। आख़िरकार एक अमावस की रात उन्होंने अचानक उसकी गुफाओं में आक्रमण कर जोआक्विन मुरीएटा के संग दूसरे सारे मैक्सिकन साथी डाकू-दस्युओं को मौत के घाट उतार दिया। उन्होंने मुरीएटा के बहादुर घोड़े को भी नहीं बख्शा और गोली मारकर उसकी भी हत्या कर दी।

कप्तानरूपी गवर्नर ने मैक्सिकन दस्यु मुरीएटा के शरीर को शिरच्छेद किया, धड़ से अलग कर दिया। फिर उसके निर्जीव सिर को लम्बे बालों सहित शराब से भरे एक काँच के घड़े में डालकर सैन फ्रांसिस्को की सड़कों पर प्रदर्शन हेतु

जुलूस निकाला ताकि सम्पूर्ण कैलिफ़ोर्नियाँवासियों तक मुरीएटा की क़त्ल की ख़बर पहुँचे। अन्त में मुरीएटा के धड़हीन सिर को उसके घोड़े सहित सैन फ्रांसिस्को में गोल्डन नगेट सैलून नामक मधुशाला के पीछे रखा गया जो 1906 के भयंकर भूकम्प में इस शहर के दूसरे हिस्यों की तरह यह मधुशाला भी सम्पूर्णतः तहस-नहस हो गयी थी, तब तक यह मधुशाला कई हज़ार शराबियों की तिरछी निगाहों को खींचने में समर्थ हो चुकी थी। लोक विश्वास है कि आज तक, जोआक्विन मुरीएटा का सिरहीन भूत सोने के खानों में घूमता-फिरता है। जो भी उसके रास्ते में आता है उन सबको आतंकित करता रहता है यह कहकर कि : "तुम मुझे अपना सिर वापस दे दो।"

सन्दर्भित पुस्तक

1. American Fairy Tales, L. Frank Baum.
2. The Lumbee Indians – An American Struggle, Malinda Maynor Lowery.
3. Raven – A Trickster Tale from the Pacific North West, Gerald McDermott.
4. Cherokee – Peoples of North America, Valerie Bodden
5. New Voyages to Carolina – North Carolina History, Edited by Larry E. Tise and Jeffrey J. Crow.
6. North American Legends, edited by Virginia Haviland and illustrated by Ann Strugnell.
7. New Voyages to Carolina Reinterpreting North Carolina History, Edited by Larry E. Tise and Jeffrey J. Crow.
8. American Literature by Mark Schorer, Arno Tewtt, Walter Havighurst, Allen Kirschner.
9. The Catawba Nation by Charles M. Hudson, Department of Sociology and Anthropology, University of Georgia.
10. "The Indians' New World–Catawbas and Their Neighbors from European Contact through the Era of Removal by James H. Merrell.